Pe. José Roberto de Souza (Org.)
Cristiana Amorim Rosa de Paiva
Laudelino Augusto dos Santos Azevedo
Paulo César de Oliveira

O ROSÁRIO

A BÍBLIA DO POVO

Contemplando os Mistérios da vida de Jesus
com reflexões bíblicas, teológicas e pastorais

Ilustrações
Luis Henrique Alves Pinto

DIREÇÃO EDITORIAL: Pe. Fábio Evaristo R. Silva, C.Ss.R.
CONSELHO EDITORIAL: Ferdinando Mancilio, C.Ss.R.
Marlos Aurélio, C.Ss.R.
Mauro Vilela, C.Ss.R.
Ronaldo S. de Pádua, C.Ss.R.
Victor Hugo Lapenta, C.Ss.R.
COORDENAÇÃO EDITORIAL: Ana Lúcia de Castro Leite
COPIDESQUE: Sofia Machado
REVISÃO: Bruna Vieira da Silva
DIAGRAMAÇÃO/CAPA: Mauricio Pereira

Dados Internacionais de Catalogação na Publicação (CIP)
(Câmara Brasileira do Livro, SP, Brasil)

Paiva, Cristiana Amorim Rosa de
  O Rosário: a Bíblia do povo: contemplando os mistérios da vida de Jesus com reflexões bíblicas, teológicas e pastorais / Cristiana Amorim Rosa de Paiva, Laudelino Augusto dos Santos Azevedo, Paulo Cesar de Oliveira; José Roberto de Souza (org.); ilustrações Luís Henrique Alves Pinto. - Aparecida, SP: Editora Santuário; São Paulo: Paulinas, 2018.

  ISBN 978-85-369-0563-1 (Santuário) - ISBN 978-85-356-4477-7 (Paulinas)

  1. Maria, Virgem Santa 2. Reflexões 3. Rosário 4. Rosário - Meditações I. Azevedo, Laudelino Augusto dos Santos. II. Oliveira, Paulo Cesar de. III. Souza, José Roberto de. IV. Pinto, Luís Henrique Alves. V. Título.

18-21404   CDD-242.74

Índices para catálogo sistemático:
1. Rosário: Meditações: Orações: Cristianismo 242.74
Cibele Maria Dias - Bibliotecária - CRB-8/9427-

Imprimatur
Dom Pedro Cunha Cruz
Bispo da Diocese da Campanha

2ª impressão

Rua Dona Inácia Uchoa, 62
04110-020 – São Paulo – SP (Brasil) Tel.: (11) 2125-3500
http://www.paulinas.com.br – editora@paulinas.com.br
Telemarketing e SAC: 0800-70010081

Todos os direitos reservados à **EDITORA SANTUÁRIO** – 2019

Rua Pe. Claro Monteiro, 342 – 12570-000 – Aparecida-SP
Tel.: 12 3104-2000 – Televendas: 0800 - 16 00 04
www.editorasantuario.com.br
vendas@editorasantuario.com.br

Apresentação

Durante muito tempo, a oração do Santo Terço foi considerada apenas uma forma de expressar devoção a Nossa Senhora. Se fosse somente esse o objetivo, já valeria a pena rezá-lo todos os dias, mas é muito mais que isso. Quando contemplamos os mistérios do Terço, refletimos sobre os acontecimentos salvíficos da vida de Jesus e aprendemos com Ele o jeito certo de enfrentar os desafios da vida e testemunhar nossa fé nas alegrias e nas dificuldades. A contemplação de cada mistério é tirada da Bíblia Sagrada, da Palavra de Deus. Em torno da mesa, com o Terço nas mãos, a família se reúne para rezar. De modo simples, com profunda piedade, pais e filhos se santificam pela oração. Assim era em minha casa.

Os diversos movimentos marianos, tais como Legião de Maria, Apostolado da Oração, Congregados Marianos, Movimento Serra do Brasil e tantos outros, têm como característica a devoção popular da reza do terço e da devoção a Nossa Senhora. Esses valores alimentam a fé e confirmam a missão dos fiéis cristãos leigos e dos pastores. São João Paulo II dizia: "O Terço é a minha oração predileta. A todos exorto cordialmente que o rezem". Em Aparecida, o mesmo papa afirma: "A devoção a Maria é fonte de vida cristã, é fonte de compromisso com Deus e com os irmãos. Permanecei na escola de Maria, escutai sua voz, segui seus exemplos" (Discurso – Aparecida – 4 de julho de 1980). Nosso querido papa Francisco dá um lindo testemunho de fé quando diz: "O terço é a oração que me acompanha em todo o tempo da minha vida. É também a oração dos simples e dos santos. É a oração do meu coração... Uma coisa

O Rosário - a Bíblia do povo

que me faz forte todos os dias é rezar o terço a Nossa Senhora. Sinto uma força tão grande, porque vou ter com ela e sinto-me forte... Sou do Rosário diário".

O Espírito Santo vai suscitando na Igreja homens e mulheres inspirados e com dinamismo missionário expressos de diversas formas. Nos últimos tempos cresce, em todo o Brasil, o Movimento Terço dos Homens, testemunhando a grandeza e a beleza da oração. Muitos "católicos", que viviam longe da comunidade, começaram a rezar o terço e, pouco a pouco, foram transformados pelo poder da oração. Muitos rezavam, voltavam para suas casas, e a vida continuava tal e qual. A própria oração foi-lhes incomodando. Sentiram a necessidade de transformar a oração em gestos concretos de solidariedade, da oração à ação. Muitos deixaram o copo e pegaram o terço. Famílias inteiras restauradas, graças a Deus e à ação materna de Nossa Senhora. As Romarias ao Santuário de Aparecida confirmam a ação de Deus na vida de tantos homens. Em 2009, foram 632 homens participando da primeira romaria, e, em 2018, 72.000 homens rezando aos pés da Mãe Aparecida.

Nesses dez anos das Romarias ao Santuário, padres, comunidades e, até mesmo, mulheres têm me solicitado orientações de como organizar grupo de Terço dos Homens em suas paróquias e comunidades: "Há algum material adequado com orientações que nos ajudem na oração do Santo Terço?" Até então, eu dizia que não, mas a partir de agora, graças a Deus, posso dizer que sim.

Com alegria, posso dizer que o tão sonhado livro chegou a nossas mãos: *O Rosário: a Bíblia do Povo*. Com um título muito apropriado, o leitor vai encontrar todos os elementos juntos em uma só obra: orientações práticas em dez passos, a contemplação dos Mistérios do Rosário, a passagem bíblica sobre o mistério contemplado, uma bela ilustração sobre o acontecimento da vida de Jesus ou de Maria e três importantes reflexões: bíblica, teológica e pastoral, que vão possibilitar ao orante mergulhar no mistério da vida de Jesus e de Maria e poder rezar a própria realidade do dia a dia.

Este belo livro foi preparado, com muito carinho, pela equipe: Pe. José Roberto de Souza (organização), Cristiana Amorim Rosa de Paiva (reflexões bíblicas), Laudelino Augusto dos Santos Azevedo (reflexões pastorais), Paulo César de Oliveira (reflexões teológicas) e Luís Henrique Alves Pinto (ilustrações). Pessoas comprometidas com a missão profética da Igreja, com a formação cristã, espiritual e pastoral de todos, particularmente dos cristãos leigos que, neste ano, celebram o Ano do Laicato com o tema: "Cristãos leigos e leigas, sujeitos na 'Igreja em Saída', a serviço do Reino" e com o lema: "Sal da Terra e Luz no Mundo" (Mt 5,13-14). A oração consciente leva-nos a testemunhar a fé como sujeitos de transformação da realidade onde vivemos.

O Rosário: a Bíblia do Povo, vem ao encontro da proposta do papa Francisco para uma "Igreja em Saída". Rezar é importante, mas se a oração não leva à ação é como a Figueira Estéril (Lc 13,6-9), que não produz frutos, ou como diz São Tiago em sua Carta: "O corpo sem espírito é cadáver, assim também a fé: sem as obras ela é morta" (Tg 2,26). É impossível refletir sobre a vida de Jesus, acolher sua mensagem e permanecer indiferente aos necessitados. O contato com a Palavra de Deus nos renova.

Todos que tiverem acesso a este livro perceberão que a reza do Santo Terço é muito mais que uma forma de expressar a devoção a Nossa Senhora. Ela nos compromete com a Palavra transformadora de Deus e, consequentemente, com os feridos da nossa sociedade. Quando contemplamos os mistérios, trazemos para perto de nós os acontecimentos da

O Rosário - a Bíblia do povo

vida de Jesus e, a partir deles, contemplamos os acontecimentos alegres ou tristes de nossa vida. Quando rezamos as Ave-Marias, suplicamos à Mãe que interceda ao Pai por nós pecadores. Desde criança fazemos isso. Nessa prece, grandes e pequenos se sentem pecadores e necessitados de conversão. Por isso, o Rosário é a Bíblia do povo.

Apresentar este livro é, para mim, motivo de muita alegria e gratidão a Deus e à equipe. Antes de ser Missionário Redentorista, fui congregado mariano. Desde pequeno, no seio da família, e depois como Missionário Redentorista, rezo o Santo Terço. Creio que um verdadeiro devoto de Nossa Senhora nunca se perde. Ela é corredentora e medianeira das graças. Desejo que *O Rosário: a Bíblia do Povo* seja instrumento eficaz da graça na vida de todos que dele tomarem posse. Que a Virgem mãe Aparecida nos guarde com sua ternura e com seu carinho materno.

Ir. João Batista de Viveiros, C.Ss.R.
Coordenador das Romarias Nacionais
do Terço dos Homens ao Santuário de Aparecida

Introdução

O presente livro foi organizado com o objetivo de ajudar os cristãos na meditação do Rosário e na experiência da espiritualidade do seguimento de Jesus. Na oração do Rosário meditam-se os momentos da vida de Jesus e os mistérios acontecidos na vida de Nossa Senhora, presentes no Novo Testamento e na Tradição da Igreja. Dá-se ênfase ao fato de que essa devoção é uma meditação cristã da Palavra de Deus. Ao longo dos séculos, muitas pessoas, conhecendo Jesus Cristo por essa prática, chegaram à santidade.

A Igreja tem recomendado a oração diária do Rosário ou, pelo menos, um quarto dele (o terço). Muitas pessoas adquiriram esse hábito. A cada Pai-Nosso e Ave-Maria, recitados vagarosamente, vai-se experimentando o mistério de Cristo anunciado na sequência da contemplação do Rosário.

Os que têm a prática de rezar o terço, contemplando os mistérios da vida de Jesus, têm maior perseverança como discípulos missionários de Cristo e crescem no amor pela Igreja. Recorda-se, de modo especial, dos cristãos que se fazem homens e mulheres simples na grandeza da experiência da fé, ou seja, pessoas que, com humildade, rezam todos os dias o Rosário, completo ou não, contemplando os mistérios, com pureza de coração, confiando na presença salvadora de Nosso Senhor Jesus Cristo.

O livro está organizado da seguinte forma:
1. Apresenta uma orientação prática em 10 passos para a recitação do Rosário.
2. Anuncia cada um dos mistérios do Rosário, dos gozosos até os gloriosos.

O Rosário - a Bíblia do povo

3. Depois do anúncio de cada mistério, encontram-se o texto bíblico e uma ilustração correspondente; um bonito quadro com uma pintura inédita sobre o mistério anunciado, que servirá para a contemplação – ver/admirar/encantar-se – daquele momento da vida de Jesus, ou da vida de Nossa Senhora.
4. Em seguida, encontram-se algumas reflexões. Para cada mistério, três textos: reflexões bíblicas – favorecem o conhecimento das passagens bíblicas referentes aos mistérios do Rosário; reflexões teológicas – permitem compreendê-las dentro da fé cristã; e reflexões pastorais – iluminam a prática do seguimento de Jesus, para melhor vivência da fé na Igreja.
5. Registra uma conclusão.

Uma curiosidade sobre o Rosário

O papa São João Paulo II, em 16 de outubro de 2002, com a exortação apostólica *Rosarium Virginis Mariae* (Rosário da Virgem Maria), presenteou a Igreja com a inserção dos mistérios luminosos para a contemplação da vida pública de Jesus Cristo. Com essa mudança, alterou-se a "matemática" que permitia chamar de "Terço" uma parte do Rosário, isso porque um terço correspondia exatamente a uma parte do Rosário, constituído, até então, de três sequências de contemplações: mistérios gozosos, dolorosos e gloriosos. Com a criação dos mistérios da Luz, seria correto chamar de "Quarto" uma sequência de mistérios, pois o Rosário passou a ter quatro partes. Mas, por costume convencional, mantém-se o nome de "Terço" para a recitação de qualquer uma das sequências dos mistérios do Rosário. Se você reza um "Terço", quer dizer que tem contemplado um quarto do rosário inteiro.

A recitação do Rosário:
uma orientação prática em 10 passos

1º Passo – Inicia-se com o Sinal da Cruz:
- Enquanto se dizem as palavras, faz-se o gesto:
  - *Pelo sinal da Santa Cruz* – Faz-se uma cruz na testa;
  - *Livrai-nos Deus, Nosso Senhor* – Faz-se uma cruz na boca;
  - *Dos nossos inimigos* – Faz-se uma cruz sobre o coração.
- Conclui-se:
  - *Em nome do Pai, e do Filho, e do Espírito Santo. Amém!*

2º Passo – Em seguida reza-se o oferecimento:
- *Divino Jesus, eu vos ofereço este terço que vou rezar contemplando os mistérios de nossa redenção. Concedei-me, pela intercessão de Maria, vossa Mãe Santíssima, as virtudes que me são necessárias para bem rezá-lo e a graça de ganhar as indulgências anexas a esta santa devoção.*

3º Passo – Segue-se com a profissão de fé da Igreja:
- *Creio em Deus Pai, todo-poderoso, criador do céu e da terra e em Jesus Cristo seu único filho, nosso Senhor, que foi concebido pelo poder do Espírito Santo, nasceu da Virgem Maria, padeceu sob Pôncio Pilatos, foi crucificado, morto e sepultado, desceu à mansão dos mortos, ressuscitou ao terceiro dia, subiu ao céu, está sentado à direita de Deus Pai, todo-poderoso, de onde há de vir a julgar os vivos e os mortos. Creio no Espírito*

O Rosário - a Bíblia do povo

Santo, na Santa Igreja Católica, na comunhão dos Santos, na remissão dos pecados, na ressurreição da carne, na vida eterna. Amém!

4º Passo – Após a profissão de fé, rezam-se um Pai-nosso, três Ave-Marias e um Glória ao Pai, em honra da Santíssima Trindade.

5º Passo – Logo em seguida, iniciam-se as contemplações: anuncia-se o primeiro mistério correspondente ao terço que se vai rezar. Para se tomar consciência do mistério a ser contemplado, pode-se proclamar o texto bíblico indicado e, em seguida, ler uma das três reflexões apresentadas para a meditação do mistério que será contemplado (conteúdo do livro).

6º Passo – Após ter tomado consciência do primeiro mistério a ser contemplado, seguem um Pai-nosso e dez Ave-Marias. Atenção: a contemplação acontece enquanto se rezam as orações, por isso, é importante se concentrar no mistério contemplado. Para ajudar nessa dinâmica contemplativa, poder-se-á fixar o olhar no quadro que retrata o mistério anunciado (conteúdo do livro).

- *Pai nosso, que estais no céu, santificado seja o vosso nome, venha a nós o vosso reino, seja feita a vossa vontade assim na terra como no céu. O pão nosso de cada dia nos dai hoje, perdoai-nos as nossas ofensas assim como nós perdoamos a quem nos tem ofendido, e não nos deixeis cair em tentação, mas livrai-nos do mal. Amém!*
- *Ave, Maria, cheia de graça, o Senhor é convosco, bendita sois vós entre as mulheres, e bendito é o fruto do vosso ventre, Jesus. Santa Maria, Mãe de*

Deus, rogai por nós, pecadores, agora e na hora da nossa morte. Amém!

7º Passo – Conclui-se a contemplação do primeiro mistério com as jaculatórias:
- Glória ao Pai, ao Filho e ao Espírito Santo. Como era no princípio, agora e sempre. Amém!
- Ó Maria concebida sem pecado, rogai por nós que recorremos a vós!
- Ó meu Jesus, perdoai-nos, livrai-nos do fogo do inferno, levai as almas todas para o céu, e socorrei principalmente as que mais precisarem.

8º Passo – Repetir os passos 5º, 6º e 7º para os cinco mistérios do terço que se está rezando.

9º Passo – Após ter rezado os cinco mistérios, faz-se o agradecimento e reza-se a *Salve, Rainha*:
- **Agradecimento:** *Infinitas graças vos damos, Soberana Rainha, pelos benefícios que todos os dias recebemos de vossas mãos liberais. Dignai-vos, agora e para sempre, tomar-nos debaixo de vosso poderoso amparo, e para mais vos suplicar, vos saudamos com uma Salve, Rainha.*

- **Salve, Rainha,** *mãe de misericórdia, vida, doçura, esperança nossa, salve! A vós bradamos os degredados filhos de Eva. A vós suspiramos, gemendo e chorando neste vale de lágrimas. Eia, pois, advogada nossa, esses vossos olhos misericordiosos a nós volvei, e depois deste desterro mostrai-nos Jesus, bendito fruto do vosso ventre, ó clemente, ó piedosa, ó doce sempre Virgem Maria.*

O Rosário - a Bíblia do povo

- Rogai por nós, santa Mãe de Deus,
- *Para que sejamos dignos das promessas de Cristo. Amém!*

10º Passo – Reza-se a oração:
- *À Vossa Proteção recorremos, Santa Mãe de Deus. Não desprezeis as nossas súplicas em nossas necessidades, mas livrai-nos sempre de todos os perigos, ó Virgem gloriosa e bendita!*

E encerra-se com o Sinal da Cruz:
- *Em nome do Pai, e do Filho, e do Espírito Santo. Amém!*

Primeira Contemplação

Mistérios Gozosos

(segundas-feiras e sábados)

Primeira Contemplação

Mistérios Gozosos

(segundas-feiras e sábados)

1º Mistério

MISTÉRIOS GOZOSOS

A anunciação do Anjo Gabriel à Virgem Maria

"Alegra-te, ó cheia de graça, o Senhor é contigo."
(Ler Lc 1,26-38)

Reflexão Bíblica

As narrativas dos quatro Evangelhos – Mateus, Marcos, Lucas e João – sempre mostram João Batista como o precursor de Jesus. Porém, nos Evangelhos de Mateus e Lucas, são acrescentadas, para servir de prólogo à história principal, as narrativas da infância de Jesus; elas representam uma antecipação da proclamação da Boa-Nova.

À luz da fé das primeiras comunidades cristãs e da reflexão sobre a pessoa de Jesus, algumas questões são levantadas: Quem é essa criança? O que sua vinda significa? E as respostas dadas pela fé no Ressuscitado são: Ela é Senhor e Cristo! Veio ao mundo para nos salvar!

São Lucas traça um paralelo entre as duas crianças: João Batista (o precursor) e Jesus (o Salvador). E o faz por meio de um gênero literário hebraico antigo, o *midraxe hagádico*, que é uma interpretação das Sagradas Escrituras por

O Rosário - a Bíblia do povo

meio de narrações. A história contada é a realidade que as Escrituras aguardavam! João será um profeta; Jesus será o último e eterno Rei de Israel!

Zacarias, pai de João Batista, é varão, é sacerdote, está em uma celebração ritual no Templo em Jerusalém e recebe a visita do anjo. Reage a ela com apreensão e perturbação. O anjo o acalma: "Não temas!" e anuncia o nascimento de seu filho e lhe indica o nome da criança: João (Deus é misericórdia!). Uma objeção é apresentada, a esterilidade; a incapacidade da idade avançada. Mas a cura virá! E o anjo dá um sinal, a mudez de Zacarias até o dia da realização do sinal.

Maria, a mãe de Jesus, era mulher pobre vinda da periferia da Galileia. Era jovem, entre doze e treze anos! Não se diz o que Maria estava fazendo... Mas a quem interessaria o trabalho da mulher? Sobretudo naquele tempo... Ela recebe a visita do anjo, que a saúda com um apelo à alegria messiânica; *Khaire: Alegre-se!* Uma saudação em grego que abre as portas para todos os povos. "O tempo se cumpriu!"

E o Anjo a intitulou cheia de Graça, *Kharis*, ou seja, repleta do favor divino. Maria reage à saudação com ponderação, o que demonstra um autocontrole diante do inaudito e um confronto íntimo com a Palavra de Deus; ela tornou-se a filha de Sião pelas palavras do profeta Sofonias: "Rejubila, filha de Sião, solta gritos de alegria, Israel! (...) O Senhor, o teu Deus, está no meio de ti" (Sf 3,14-17).

O nascimento do Salvador é anunciado à jovem e também lhe é indicado o nome da criança, Jesus (*Jeshua*, que significa o Senhor é Salvação!) Também Maria apresenta uma objeção: é virgem. O nascimento de João foi possível por meio da cura da esterilidade, agora Jesus nascerá da virgem! O impossível, o novo! Ela conceberá pelo poder do Espírito Santo por meio da nuvem sagrada *Shekinà,* que é sinal visível da presença de Deus!

O sinal dado a Maria foi a gravidez de sua parenta Isabel na velhice, o sinal que inaugura a intervenção de Deus para a salvação da humanidade. "Para Deus, com efeito, nada é impossível!" (cf. Lc 1,37)

Fiat! O sim de Maria! Sua resposta de obediência livre, humilde e grandiosa a tornou mãe. Ela tornou-se a Arca da aliança, o lugar de uma verdadeira habitação do Senhor.

Reflexão Teológica

O anjo entra na casa de Maria. E a primeira palavra dirigida a Maria é um imperativo: *"Alegre-se"*. A alegria é uma maneira de ser. Trata-se de uma ordem repetida diversas vezes nos evangelhos, sobretudo após a ressureição. E qual o motivo da alegria? A jovem Maria deveria se alegrar porque foi agraciada. Independentemente de qualquer coisa, somos agraciados. Há mais motivos para nos alegrarmos do que para lamentarmos. Qual é a graça maior que podemos ter na vida? É o fato de que o Senhor está conosco. Não estamos sozinhos nem isolados.

O anúncio do anjo é processual. O texto sagrado utiliza o gerúndio (aproximando) para significar que não se tratou de algo abrupto. Quando se refere a José, o anjo aparece-lhe em um sonho. Diante da saudação, a jovem Maria não se alegrou imediatamente. Ficou perturbada. A perturbação é uma espécie de confusão quando não entendemos bem o sentido das palavras e das coisas. Às vezes ouvimos palavras e percebemos fatos e situações que perturbam nossa mente. Buscamos um sentido. Perguntamos pelo significado disso ou daquilo. Fazemos perguntas e, muitas vezes, não encontramos respostas: Por quê? Como? Para quê? A jovem Maria também ficou perturbada com as palavras do anjo; ficou pensando no que poderia significar aquela saudação. Essa perturbação se transformou em medo. O medo é uma

O Rosário - a Bíblia do povo

atitude de defesa que, se for muito intensa, paralisa-nos. O anjo percebeu essa situação da jovem e apresentou um novo imperativo: "Não tenha medo, Maria!" Por que não temer? A razão para não temer é a mesma para se alegrar: "Você foi agraciada por Deus".

Interessante observar que, a partir de então, o anjo não deu muito tempo para a jovem pensar. Imediatamente, anuncia que ela ficaria grávida, daria à luz um filho e apresenta os atributos desse Menino: será grande, Filho do Altíssimo, herdará o trono de Davi, reinará sobre o povo de Jacó, seu Reino não terá fim. Ora, todos esses atributos do Filho ainda não foram suficientes para convencer a jovem moça de Nazaré.

Depois que o anjo termina o seu discurso argumentativo, a jovem apresenta uma questão empírica séria: "Como acontecerá isso se sou virgem?" Esse é o dado concreto. Esse é um dos dilemas da fé: diante da promessa há sempre um dado histórico, empírico que desafia a fé. O que fazer? Novamente, o anjo precisa fortalecer sua argumentação. Não fora suficiente anunciar os atributos do Filho. Foi necessário dizer que a concepção se daria por obra do Espírito Santo. Além disso, ele recorreu a um fato e que não era do conhecimento da jovem: Isabel, sua parente, que era estéril, terá um filho na velhice. Esse é um fato inquestionável, pois já está no sexto mês de gestação.

Percebe-se que o anjo procedeu à argumentação utilizando-se dos atributos do Filho, da ação do Espírito Santo e de um fato histórico conhecido na família para, finalmente, concluir que nada é impossível para Deus. Somente após todo esse processo, a jovem respondeu positivamente: consentiu que se procedesse conforme fora anunciado pelo anjo.

Reflexão Pastoral

Deus nos ensina e nos chama na história, no cotidiano da vida. Ele se revela e nos mostra sua vontade por meio dos acontecimentos, das pessoas e de sua Palavra.

Ao contemplarmos este mistério, peçamos ao Senhor, por intercessão de Maria, que saibamos dizer o nosso "Sim" ao Projeto de Deus, "que todos tenham vida e a tenham em abundância" (Jo 10,10). A realidade histórica, o grito do povo, o sofrimento de tantos, tudo isso nos interpela. A possibilidade de um mundo melhor, justo e fraterno; o Reino de Deus, já presente em nosso meio, anima-nos a responder "Sim". Que todos possamos, "pela fé, viver e realizar ações consequentes para a revelação e expansão do Reino de Deus na história" (CNBB 105, n. 133 'a').

2º Mistério

A visitação de Maria a sua prima Santa Isabel

"Tu és bendita entre as mulheres e bendito é o fruto de teu ventre!"
(Ler Lc 1,39-45)

Reflexão Bíblica

Na releitura dos fatos (midraxe hagádico) sobre a infância de Jesus, São Lucas evangelista procura sempre pôr em contato João Batista e Jesus. Nesse pequeno trecho o faz antes mesmo de eles nascerem. Esse encontro representa a espera e a realização, o Antigo e o Novo Testamento.

Maria pôs-se a caminho da periferia para o centro, da Galileia para a Judeia, 160 km, apressadamente, para uma cidade identificada, hoje, como Ain Karin, 6 km a oeste de Jerusalém; cidade onde residia sua parenta Isabel, que estava grávida de, mais ou menos, 6 meses. Maria estava grávida de pouco tempo, uma vez que se haviam passado apenas alguns dias do anúncio, e ela já se dirigiu para a casa de Isabel.

Maria (Senhora Soberana – a amada!) entrou na casa de Zacarias (Deus se lembrou!) e saudou Isabel (Deus é Ple-

O Rosário - a Bíblia do povo

nitude!). O significado dos nomes aponta para a confiança dos justos, que esperavam pela vinda do Senhor!

No festivo encontro, duas mães que tinham sido agraciadas com a fecundidade, uma estéril e outra virgem, foram chamadas a colaborar no Plano de Deus! Duas crianças, duas vidas mergulhadas no dinamismo do Espírito Santo, uma criança, o precursor; a outra, o Salvador! Na saudação, o reconhecimento das missões entrelaçadas!

Por meio da saudação, uma oração proclamada: "Bendita és tu entre as mulheres e bendito é o fruto de teu ventre!" Maria se torna bendita, pois a partir de seu sim, ela torna-se o Lugar da Presença de Deus, o Lugar onde se pode experimentar Deus! É a nova Arca da Aliança!

A Arca da Aliança foi um utensílio sagrado fabricado no tempo em que o povo de Deus caminhava pelo deserto em busca de libertação. Dentro da Arca ficavam guardadas as Tábuas da Lei (Deus Pai – Caminho), o vaso de ouro com o Maná, o pão descido do céu (Deus Filho – Verdade), e a Vara de Aarão, a qual floresceu (Deus Espírito Santo – Vida). Essa Arca representava o lugar de Encontro com Deus. Por isso, Maria é, no tempo do Novo Testamento, sua representação.

Um questionamento: "Donde me vem que a mãe do Senhor me visite?" Maria é a escolhida para ser a mãe do Senhor, a **Theotókos**! Decisão conciliar e dogma de fé a partir do Concílio de Éfeso, 431 d.C. Maria é mãe de Deus! É "portadora de Deus" e missionária, uma vez que espalha a alegria da Presença de Deus por onde passa!

Por fim, Maria é bem-aventurada porque acreditou! Sua escuta e sua obediência permitiram o nascimento de Deus entre os homens. Nela, a Palavra tornou-se fecunda. "Minha mãe e meus irmãos são aqueles que ouvem a Palavra de Deus e a põem em prática" (Lc 8,21).

Reflexão Teológica

Um dos argumentos utilizados pelo anjo para convencer a jovem de Nazaré foi o fato de que Isabel, que era estéril, havia engravidado e estava no sexto mês de gestação. Lembro-me de Sara que, também era estéril e estava em idade avançada. O anjo concluiu que, para Deus, nada é impossível. Verificando os fatos vivenciados pela própria família, Maria encontrou um elemento decisivo para manifestar sua adesão ao projeto de salvação da humanidade.

Após obter o consentimento da jovem, o anjo retirou-se. Certamente, como já ocorrera em outras ocasiões, Maria conservava e meditava sobre o diálogo franco e aberto que mantivera com o anjo. Interessante observar que não ficou reclusa, longe das vicissitudes familiares. A jovem decidiu sair da segurança de sua casa e, também grávida, colocou-se a caminho. Não lamentou a falta de ar, o cansaço, a distância, a sede. Colocou-se "em saída". Foi ao encontro de alguém que estava com uma gravidez mais adiantada.

As dificuldades do caminho não são relatadas; mas podemos imaginá-las. O importante é a visita. A alegria do encontro nos faz relevar as dificuldades do processo. Ao entrar na casa de Zacarias saudou Isabel. A saudação é um momento importante no encontro. É o prelúdio de uma grande sinfonia. Sem a saudação, o encontro é sufocado pela objetividade fria. Com a saudação, quebra-se a dureza da realidade fria e inaugura-se a espontaneidade na relação.

Ao ouvir a saudação, o bebê saltou no ventre de Isabel. A saudação provoca também uma alegria que alcança as entranhas de quem a recebe. Essa alegria é um dos sinais da presença divina. A prima ficou cheia do Espírito Santo e exclamou: "Bendita és tu entre as mulheres, e bendito é o fruto de teu ventre!" A jovem nazarena é bendita entre as mulheres; dignifica a feminilidade e a

O Rosário - a Bíblia do povo

maternidade. O consentimento dado ao anjo é reconhecido como uma grande decisão. Bendito, igualmente, é o filho que levava em seu ventre, santificando a maternidade!

A prima Isabel se sente honrada com a visita; a honra não se dá porque é uma visita familiar. A grandeza da visita se deve ao fato de que é a Mãe do Senhor que a visita. A jovem de Nazaré é vista, não simplesmente como prima, mas como a Mãe do Senhor. Há o reconhecimento de uma presença com conotações teológicas e religiosas. É Mãe do Senhor quem a visita. A Mãe do Senhor é feliz porque acreditou. Depois de ouvir atentamente as argumentações do anjo, decidiu e concordou com a proposta. Não lhe resta outra coisa, naquele convívio familiar e religioso, senão engrandecer a Deus. Assim, a jovem Mãe entoa o hino: sua alma engrandece ao Senhor e seu espírito exulta em Deus, seu Salvador.

A razão de tal júbilo é que ele olhou para a condição humilde de sua serva. Em razão disso, todas as gerações a chamarão de feliz. Deus fez grandes coisas na vida dessa jovem, e a misericórdia divina não conhece limites.

Reflexão Pastoral

Ao saber da gravidez de Isabel, Maria "partiu apressadamente" para servi-la.

Ao contemplarmos este mistério, peçamos ao Senhor, por intercessão de Maria, a "Senhora da prontidão" (Papa Francisco, EG 288), que vivamos concretamente o serviço aos irmãos, a fé autêntica e o louvor a Deus que realiza "maravilhas" em seus servos e na história. Que todos nós, na Igreja e como Igreja, possamos viver e atuar "na família, no trabalho, na cultura, na política, na economia, na educação, na comunicação, nas ciências e nas artes, em todos os âmbitos de atividade humana, no campo, na cidade e em todo o planeta, nossa 'casa comum'" (CNBB 105).

3º Mistério

MISTÉRIOS GOZOSOS

O nascimento de Jesus na gruta de Belém

"E o Verbo se fez carne e veio morar no meio de nós."
(Ler Jo 1,1-14)

Reflexão Bíblica

Nos Evangelhos Sinóticos (similares – Mateus, Marcos e Lucas), a unidade entre Jesus e o Pai está presente e tudo determina, mas sua divindade permanece escondida sob sua humanidade. Já no Evangelho de João, a divindade de Jesus aparece claramente, ao que os estudiosos concluem ser uma reconstrução teológica posterior, como uma cristologia bastante desenvolvida, já situada entre o final do século I ou início do segundo século.

Essa divindade se apresenta logo no chamado Prólogo de João. Esse Prólogo é uma maravilhosa síntese de todos os grandes temas que serão, posteriormente, desenvolvidos nos 21 capítulos que compõem o corpo do Evangelho joanino.

No princípio (en arché), no começo, na origem, no fundamento, na fonte... Começar o Evangelho de João com as mesmas palavras com que se inicia a Bíblia não é coinci-

O Rosário - a Bíblia do povo

dência, existe uma ponte simbólica entre Gênesis e o quarto Evangelho: criação e 're'criação! "No princípio existia o Verbo (davar)", a Palavra Criadora, a palavra em ato! Essa Palavra é a força criadora que a tudo dá vida; à medida que Deus fala, as coisas vão acontecendo... "E Deus disse"!

Jesus é a Palavra no mundo voltada para Deus! Ele é Deus! Ele é a sabedoria personificada! A sabedoria primeiro está com Deus, existindo desde sempre junto dele, depois participa na criação, vem à terra (Encarnação) e aqui agracia a humanidade. Ele é quem comunica a vida, pois a possui em plenitude e a transmite à humanidade. Pelo poder da Palavra, a humanidade é renovada!

Salienta-se, nessa transmissão da vida, o confronto entre luz e trevas: a luz é a manifestação da vida, e as trevas são a manifestação da morte. Os que não se comprometem com o Plano de Amor de Deus tentam sufocar a Luz, que é Jesus. João Batista é um homem que veio para dar testemunho da luz! Testemunho e martírio significavam a mesma coisa naquele tempo. Ele não era a luz, mas dava testemunho dela, ou seja, era capaz de morrer por ela.

Jesus veio para os "seus" (judeus), mas eles não o receberam. Mas a todos que o receberam, deu o poder de se tornarem filhos de Deus. A filiação aqui proposta está aberta a todos os povos. Ouvir e acreditar permite, a cada pessoa, acolher e adentrar no mistério da filiação divina pelo poder do Espírito Santo! Nascer de Deus! A Palavra é semente divina. Quando a recebemos, faz de nós filhos de Deus!

"E o Verbo se fez carne..." Carne – sarx. A carne da história é o Corpo de Deus encarnado em Jesus Cristo. Ele fez morada, armou sua tenda entre nós... Menção à Tenda do Encontro do Antigo Testamento, que era o lugar onde ficava a Arca da Aliança, na caminhada do povo judeu pelo deserto, em busca da terra prometida; o local do encontro com Deus!

"E nós vimos sua Glória!" Contrária às expectativas humanas, que prezam pelas glórias mundanas, a Glória de Deus se destaca pela vida de amor e de entrega, o "ser para o outro" da cruz! E se destaca no sinal por excelência da ressurreição, que significa Deus se manifestando em favor de seu povo!

Reflexão Teológica

O nascimento de Jesus ocorreu por ocasião do decreto de César Augusto, para que todo o mundo fosse recenseado. Antes houvera outro recenseamento nos tempos de Quirino, governador da Síria. Todos foram se alistar, inclusive José. Ele saiu de Nazaré, na Galileia, e foi até Belém. Ele foi a Belém porque era pertencente à família de Davi. A jovem esposa, Maria, estava grávida e também fora com ele. A distância, a pé, entre Nazaré e Belém, são 150 km. O teólogo Joseph Ratzinger sustenta, fundamentado em outras fontes, que o recenseamento era, sobretudo, econômico. Isto é, as pessoas deviam se apresentar nas localidades onde tinham terras de sua propriedade. Diante disso, diz ele, "podemos supor que José, da casa de Davi, possuísse um terreno em Belém, pelo que tinha de ir lá para a cobrança dos impostos". Pode-se também inferir que José tenha ido a Belém declarar que não havia propriedade. É claro que essa tese necessita de confirmação. Seja como for, a questão é bastante controversa, pois, por ocasião da purificação e apresentação no Templo, o jovem casal de Nazaré apresentaria uma oferta típica dos pobres. A questão da condição social de José mereceria um estudo mais elaborado.

Durante a estada em Belém, chegou a hora do parto. O parto ocorreu em uma manjedoura, porque não havia lu-

O Rosário - a Bíblia do povo

gar para eles na estalagem. Desde o nascimento, Jesus não tem lugar neste mundo. Tanto São Justino quanto Orígenes identificam uma gruta como o local do nascimento. A gruta se transformou em um lugar de culto. Santo Agostinho diz que a manjedoura é o lugar onde os animais se alimentam. A manjedoura evoca a mesa de Deus; lá, justamente em Belém, a Casa do Pão, Jesus se dá como alimento.

O nascimento do Menino se deu à noite. Naquela região, havia pastores guardando o rebanho durante as vigílias da noite. Carregada de mistérios, aquela noite trouxe consigo a Luz. O povo que andava nas trevas viu essa Luz (cf. Mt 4,16). Os pastores tiveram medo e foram acalmados pelo anjo. O Menino, que está deitado na manjedoura e envolto em faixas, é o Cristo, esperado desde os tempos antigos. Com o seu nascimento, dissipam-se as trevas e o medo. É hora de alegria, de glória e paz na terra. Diante desse fato, os pastores dizem uns aos outros: "Vamos a Belém". Foram com pressa e encontraram o Menino deitado na manjedoura, tendo ao lado José e a jovem Mãe, que guardava todos os fatos e palavras em seu coração.

É fundamental ir a Belém. Isso significa contemplar o Menino na manjedoura sob os cuidados da jovem Mãe e de José. Lá é a Casa do Pão, onde se revigoram as forças; lá se vê a Luz e o medo se dispersa.

O Evangelho de João refere-se ao evento concepção-nascimento-vida-morte de Jesus como a encarnação do Verbo. O Verbo é a Palavra, mediante a qual todas as coisas foram feitas. *O Verbo se fez carne, veio da plenitude e era a própria plenitude*. Não somente se fez carne, mas morou entre nós. Como veio da plenitude, não havia nele qualquer aspiração ou necessidade. Porém, assumindo a carne humana e habitando "entre nós", tornou-se sujeito aos condicionamentos do espaço e à sucessão dos dias. Passou também a pensar com a mente humana, a sentir emoções humanas, a comunicar-se com palavras humanas. Em uma palavra: esvaziou-se. Esvaziando-se, fez-nos conhecer outra face da Divindade. Na Palavra que se fez carne, Deus revelou o aspecto mais profundo da sua divindade (amando...) e manifestou a sua glória, fazendo-se servo de todos nós (lavando os pés...). Portanto, o Cristo Senhor, Filho do Altíssimo, esvazia-se, encarna-se, lava nossos pés; em uma palavra: ama gratuitamente (sem fazer perguntas ou exigências).

Reflexão Pastoral

O Nascimento de Jesus ilumina e dá sentido ao nosso engajamento na transformação do mundo para a "revelação e expansão do Reino de Deus". O anjo anuncia aos pastores a "grande alegria que será para todo o povo" (Lc 2,10).

Ao contemplarmos esse mistério, peçamos ao Senhor, por intercessão de Maria, a graça de reconhecer e proclamar as "maravilhas" que Deus realiza na história, e de assumir nossa cidadania, que "brota do coração mesmo da missão da Igreja, inspirada no núcleo do Evangelho, o mistério da Encarnação: 'a Palavra se fez carne e veio morar entre nós' (Jo 1,14)" (CNBB 105, n. 163). Quantas maravilhas para meditarmos neste 3º mistério! E quantas atitudes corajosas precisamos assumir para que a alegria do Evangelho seja para todo o povo!

4º Mistério

MISTÉRIOS GOZOSOS

Apresentação do Menino Jesus no Templo

"Este menino vai causar a queda e a elevação de muitos em Israel; ele será um sinal de contradição." (Ler Lc 2,22-34)

Reflexão Bíblica

São Lucas encerra as narrativas sobre a infância de Jesus demonstrando o quanto seus pais eram judeus praticantes da Lei religiosa. Porém, um fato chama atenção: Jesus não foi resgatado! Ele permaneceu "pertencente" ao Pai!

De acordo com a Lei de Israel, ao oitavo dia todo menino deveria ser circuncidado. E, no quadragésimo dia, três ritos deveriam se cumprir: a "purificação" da mãe, o "resgate" do primogênito por meio do pagamento de cinco siclos ao sacerdote e a "apresentação" do menino ao Templo.

Jesus foi circuncidado no oitavo dia! No tempo da purificação, no quadragésimo dia, Maria ofereceu o sacrifício dos pobres (nessa ocasião, ela deveria oferecer um cordeiro e uma rola ou um pombo, mas um casal pobre tinha permissão para levar apenas duas rolinhas ou dois pombos). José e Maria obedecem à Lei segundo os costumes hebraicos, fazendo a oferenda dos pobres.

O Rosário - a Bíblia do povo

Contudo, em vez do resgate do primogênito pelos pais (Maria e José), Jesus foi "apresentado" ao Templo; em vez do ato de ser retomado teve lugar a oferta pública de Jesus a Deus, seu Pai. Jesus permaneceu ligado a Deus, não foi resgatado, porque era ele quem iria resgatar Israel e toda a humanidade. Ele foi consagrado ao Pai, que o ofereceu à humanidade.

José e Maria eram pobres. Jesus se apresentou a Deus e à humanidade como pobre. São Lucas evidencia em seu Evangelho uma teologia dos pobres e da pobreza; é entre os pobres de Israel, entre os quais a família de Jesus era contada, que se podiam cumprir as promessas messiânicas.

Depois do reconhecimento de Jesus entre os pobres e marginalizados, o reconhecimento da profecia está caracterizado nas pessoas de Simeão e Ana. Eles põem fim à profecia do Antigo Testamento com a contemplação da realização das promessas; as esperanças e anseios dos sofredores, finalmente, encontraram resposta.

Simeão é descrito com três qualidades: justo, piedoso e à espera da consolação de Israel. O justo (*zaddik*) é aquele que vive a prescrição da Lei a partir de dentro, é a pessoa que vive a vontade de Deus e avança em seu caminho, abrindo, assim, espaço para o novo agir do Senhor. O piedoso é aquele que vive em profunda intimidade com Deus. E, por fim, aquele que espera e aguarda a consolação (*paráklesis*) é alguém sobre quem já repousa o Espírito do Senhor!

Na profecia de Simeão dirigida a Jesus, há a constatação da presença do Salvador (*sóter*) que o povo tanto havia esperado. Ele é a luz que iluminará as nações e existirá Glória para o povo de Israel, porém a glória está íntima e indivisivelmente ligada à cruz; queda e soerguimento. Nossa escolha deve ser decisiva: aceitar ou rejeitar Jesus!

Reflexão Teológica

O Menino foi apresentado ao Senhor, no Templo, em Jerusalém. A família de Nazaré seguiu a tradição e a prescrição legal de que todo primogênito deveria ser consagrado ao Senhor. A purificação da mãe se justifica porque o parto também significava um período de impureza. Se o bebê era menino, a mãe ficava impura por sete dias, assim como durante o período de menstruação. No oitavo dia, o menino era circuncidado, conforme a tradição judaica. No entanto, a mãe, durante outros 33 dias, permanecia impura. Ela não podia tocar em um objeto sagrado, ou mesmo entrar no santuário. Se o bebê fosse uma menina, esse período de 40 dias era duplicado: 14 dias mais 66 dias. Mas há de se destacar que a jovem Mãe Maria não necessitava de ser purificada, uma vez que concebera um Menino sem o concurso humano, por obra do Espírito Santo. Mesmo assim, ela foi ao Templo.

Depois que se completasse o período de impureza, a Lei exigia o sacrifício de um carneirinho. Se a família não tivesse recursos para oferecer um carneirinho, então devia oferecer duas rolas ou dois pombos novos. Isso é o que lemos em Levítico 12,8: "Se não tiver recursos suficientes para um ovídeo, então terá de tomar duas rolas ou dois pombos novos, um como oferta queimada e outro como oferta pelo pecado, e o sacerdote terá de fazer expiação por ela, e ela terá de ser limpa". O jovem casal de Nazaré ofertou o que era especificado para os pobres, o que comprova sua condição social.

Uma pergunta, então, pode nos incomodar: o Senhor, soberano sobre todas as coisas, resolveu entregar a educação terrena de seu Filho Unigênito a um simples casal da região de Nazaré. Tão simples, que nem dinheiro tinha para comprar um cordeiro. Haverá alguma lição a ser

O Rosário - a Bíblia do povo

aprendida, nesse contraste entre o poderio divino e a pobreza humana? Claro que há.

O Senhor nos dá a resposta por intermédio de Davi, no Salmo 51: "... não te deleitas em holocaustos. Os sacrifícios a Deus são o espírito quebrantado e contrito... que tu não desprezarás". O sacrifício que agrada a Deus é sempre um coração simples e puro. Não importa se o boi ou o cordeiro são gordos nem se o pombinho ou as rolinhas magros. Não importa a qualidade ou a quantidade da oferta. O que importa é o coração de quem oferece. Sejam duas moedinhas de viúva pobre, seja a propriedade inteira de Barnabé. O que importa é o coração contrito e puro. Deus ama "ao que dá com alegria"! (2Cor 9,7). Por isso, o evangelista Lucas não deplora a modesta oferta de José e Maria. Como o jovem casal, nossa missão é cumprir a tarefa de Deus para nós. Não interessa quantos pombinhos tenhamos ou não tenhamos!

José e Maria levaram o menino Jesus a Simeão. A ele, que era temente a Deus e esperava a consolação de Israel, trouxeram o Menino. Ao tê-lo em seus braços reconheceu no Menino o Salvador não somente de Israel, mas também do mundo todo, e concluiu que poderia partir deste mundo em paz, pois seus olhos viram a salvação.

Muitos se perguntam qual deveria ser nosso momento de partida para a eternidade. Encontramos nesse episódio uma resposta significativa. O fator primordial não é a quantidade de anos, nem os problemas que acumulamos. Podemos partir em paz quando nossos olhos virem a salvação; quando encontrarmos o Menino Salvador.

Reflexão Pastoral

O velho Simeão afirmou: "Este menino será um sinal de contradição" (Lc 2,34). E, o foi de fato, e ainda é por intermédio de seus seguidores no confronto com os "poderes" deste mundo.

Ao contemplarmos este mistério, peçamos ao Senhor, por intercessão de Maria, que sejamos "o cristão, sujeito na Igreja e no mundo, maduro na fé, que experimentou o encontro pessoal com Jesus Cristo e se dispôs a segui-lo com todas as consequências dessa escolha, que adere ao projeto do Mestre e busca identificar-se sempre mais com Ele, com seu ser e agir" (CNBB 105, n. 132). Que tenhamos coragem de ser "sinais de contradição" como fiéis seguidores de Jesus Cristo, para que venha a nós seu Reino de Justiça e Paz!

5º Mistério

MISTÉRIOS GOZOSOS

O encontro do Menino Jesus no Templo

"Todos os que o ouviam estavam maravilhados com sua sabedoria e com suas respostas." (Ler Lc 2,41-49)

Reflexão Bíblica

No episódio em que Jesus é encontrado no Templo, São Lucas nos fornece as primeiras Palavras de Jesus em seu Evangelho: "Por que me procuráveis? Não sabíeis que devo estar na casa de meu Pai?" Jesus fala de um "dever". A palavra grega *deí*, que sempre aparece no Evangelho no sentido de disposição à vontade de Deus, representa a expressão da obediência filial de Jesus ao Pai.

Jesus aparece aos 12 anos, momento em que o menino judeu se prepara para a cerimônia que o insere como membro maduro perante a comunidade, o *bar mitzvah* (filho do mandamento), a qual é celebrada aos 13 anos, mas já a partir dos 12 anos o adolescente é chamado a ir-se habituando aos preceitos, com uma instrução intensiva para se tornar um homem encarregado de cumprir a Lei.

O Rosário - a Bíblia do povo

Jesus e sua família estavam em peregrinação a Jerusalém, para a Páscoa, segundo o costume. A Lei (Torah) ordenava três peregrinações para cada israelita todos os anos, realizada por ocasião das três grandes festas judaicas: a da Páscoa, das Semanas (Pentecostes) e a das Tendas (Tabernáculos ou Cabanas). Para os que moravam longe, podiam participar de apenas uma, em geral, a festa da Páscoa.

Na viagem de volta, Jesus permaneceu em Jerusalém. Na caravana (*synodía*), chamada "comunidade de caminho", os adolescentes podiam seguir livremente com os amigos, mas deveriam unir-se aos pais à noite, o que não aconteceu. José e Maria, após caminharem por um dia, perceberam a ausência de Jesus e regressaram a Jerusalém para procurá-lo (mais um dia de caminhada). E o encontraram ao terceiro dia. Embora sejam facilmente explicáveis os três dias, a releitura dos fatos indica aqui uma alusão aos três dias entre a crucifixão de Jesus e a sua Ressurreição; são sofrimentos por causa da ausência.

Jesus estava em meio aos doutores... ouvindo-os e interrogando-os; essa era a maneira como se ensinava naquele tempo e Jesus estava ensinando ou aprendendo. Uma coisa é certa: Ele estava onde "deveria" (*deí*) estar. Uma vez que não tinha sido resgatado na infância, Ele, como primogênito, pertencia ao Pai.

Perante José, seu pai terreno, a afirmação da pertença ao Pai; sua vida tem um significado que transcende o relacionamento da família humana. Ele afirma a prioridade da proclamação divina em sua missão.

O Evangelho da Infância é um resumo simbólico de toda a Pessoa, a Vida, a Palavra e a Ação de Jesus: a próxima vez que, no Evangelho de São Lucas, Jesus estará a caminho de Jerusalém será para a sua Páscoa, onde Ele deverá (*deí*) estar se ocupando das coisas do Pai.

Reflexão Teológica

Na cidade de Nazaré, onde passou sua infância, o Menino ia crescendo e se fortalecendo. A família mantinha um costume de ir todos os anos, por ocasião da Páscoa, a Jerusalém, que se localiza a 149 km de distância. Quando o Menino se tornou adolescente, aconteceu um fato interessante: sem os pais saberem, Jesus ficou em Jerusalém. Maria e José imaginaram que Ele estivesse entre os companheiros de viagem, entre parentes e conhecidos. Essas viagens a Jerusalém eram feitas em grupos; uma espécie de romaria. Procuraram pelo menino durante um dia. Não o encontrando, voltaram a Jerusalém.

Durante três dias, o Menino foi procurado. Que tensão viveu o casal José e Maria! Após três dias de procura, encontraram o Menino no Templo. Que alívio! Que alegria!

Jesus estava sentado no meio dos doutores. Ele ouvia e os interrogava! Antes de ensinar, é fundamental ouvir. Infelizmente, não aprendemos a ouvir. É preciso também perguntar para entender, não para humilhar. O Menino ouvia e perguntava. Nesse diálogo, em que se ouvia e se perguntava, os interlocutores ficaram admirados com a sua inteligência e suas respostas.

José e Maria ficaram felizes, maravilhados, quando viram o Menino. A Mãe logo questionou a razão de tal comportamento que os deixou ansiosos. Jesus lhes dá uma resposta em forma de pergunta. Futuramente, essa seria uma característica de Jesus: responder às perguntas com outra pergunta. A resposta do adolescente Jesus foi um divisor de águas: "Por que me procuráveis?" A segunda pergunta dessa resposta esclarece a primeira: "Não sabíeis que eu devia estar na casa de meu Pai?" A consciência do adolescente Jesus de que é Filho de Deus se manifesta claramente. Ele sabe que seu Pai é Deus. José e Maria não entenderam o

O Rosário - a Bíblia do povo

significado daquelas palavras. Mas o Menino revelou, naquele momento, uma distância dos pais, por ser Filho de Deus. Essa distância ficaria evidenciada em outras ocasiões.

Mesmo sem entender, Maria e José, ficaram felizes ao reencontrá-lo. Jesus deixou o Templo e foi com os pais para Nazaré, sendo-lhes obediente. Aquela postura de independência e distância não levou o adolescente Jesus à desobediência. Ele voltou com os pais para casa e foi-lhes obediente. Com os pais, Ele crescia em sabedoria, estatura e graça diante de Deus e de todos.

Reflexão Pastoral

Após ser encontrado no Templo, "Jesus desceu, então, com seus pais para Nazaré e era obediente a eles... ia crescendo em sabedoria, tamanho e graça diante de Deus e dos homens" (Lc 2,51-52).

Ao contemplarmos este mistério, peçamos ao Senhor, por intercessão de Maria e de José, por todas as famílias, "Igrejas domésticas, comunidades de vida e de amor, reflexos da comunhão trinitária" (CNBB 105, n. 138). Que a Sagrada Família inspire todos e todas para "que assumam com alegria e dedicação o cuidado da família e a transmissão da fé aos filhos, em sintonia com o plano de Deus e os ensinamentos do Magistério da Igreja" (CNBB 105, n. 257).

Segunda Contemplação

Mistérios Luminosos

(quintas-feiras)

Segunda Contemplação

Mistérios Luminosos

(quintas-feiras)

1º Mistério

O Batismo de Jesus no Jordão

"E do céu veio uma voz que disse: 'Este é meu Filho amado, de quem eu me agrado.'" (Ler Mt 3,13-17)

Reflexão Bíblica

No episódio do Batismo de Jesus, do Evangelho de São Mateus, Ele vem da Galileia até o Jordão para ser batizado, mas o batismo de João era um batismo de arrependimento, *metanoia* – palavra grega que significava uma mudança de ideia e de atitude –; Jesus não precisava desse batismo, porém, assumiu-o porque era preciso que ele se identificasse com os pecadores.

Já em suas primeiras palavras registradas nesse Evangelho, "Deixa por ora, pois assim convém que façamos tudo o que é justo". "Por ora", ou "por agora" – *achri* – é expressão que determina uma situação específica e provisória: as atitudes de Jesus, como a de ser batizado, podiam não fazer sentido naquele momento, mas foram lidas, relidas e interpretadas somente a partir da Ressurreição. Daí, muitas de suas ações se tornaram reconhecíveis e com sentido.

"Façamos" ou "Devemos (deí) cumprir toda Justiça!" No tempo de Jesus, essa justiça correspondia à resposta do

O Rosário - a Bíblia do povo

homem à Torah (Lei Judaica). E, a partir da releitura das primeiras comunidades cristãs, a Justiça seria como a prática de Jesus, totalmente obediente à vontade do Pai. Jesus inaugurou seu ministério fazendo-se solidário à humanidade, o que correspondia ao Plano de Salvação de Deus.

A pregação de João Batista anunciando o Messias era de que Ele seria um juiz implacável, e a figura de Jesus ao se apresentar no Jordão mostrava exatamente o contrário. A chegada do Reino de Deus não se faria pela força ou violência, mas pela identificação simples com os pecadores.

O simbolismo do batismo compreende o ato de mergulhar e ressurgir; respectivamente, morte e ressurreição.

Batizado, Jesus "sai da água" imediatamente (relativização da importância da ação do precursor), e três fenômenos extraordinários, com fortes representações no Antigo Testamento, acontecem: o céu se abriu, o Espírito Santo desceu e a voz do Pai proclamou sua predileção.

Na Bíblia, o céu representa a morada de Deus, e lá se realiza sua Vontade; o céu se abre acima de Jesus porque Ele realiza a Vontade do Pai. O Espírito de Deus pairava sobre as águas, antes que o mundo fosse feito, de acordo com uma leitura antiga do Livro do Gênesis, agora paira sobre Jesus na recriação. E, por fim, a Voz de Deus faz alusão ao Servo de Javé do Livro do Profeta Isaías (Is 42,1), e ao segundo salmo do saltério; nesses trechos a figura de Jesus, como Filho Amado de Deus, alcança representação agora no Novo Testamento; Jesus é o servo, o rei e o Filho!

Reflexão Teológica

João, filho de Zacarias e Isabel, começou a pregar no deserto. O conteúdo dessa pregação era um convite ao arrependimento. A razão desse arrependimento é a proximidade do Reino de Deus. Sua atividade consiste em preparar o caminho do Senhor. Trata-se de uma atividade que, embora não apareça tanto, é fundamental. Aliás, todo o trabalho propedêutico é discreto. Sem esse trabalho, qualquer obra corre o risco de não se sustentar.

João assumiu esse trabalho propedêutico com determinação. Além da firmeza de seu discurso, suas vestimentas e alimentação demonstravam sua radicalidade de vida. As vestes eram de pelo de camelo e o cinto de couro. A alimentação era mel e gafanhotos.

A firmeza e o conteúdo de seu discurso, bem como a extrema simplicidade de vestuário e alimentação, atraíram um público considerável. Pessoas de toda a Judeia e das proximidades do Jordão vieram ao seu encontro.

João não gostou da presença dos fariseus e saduceus entre as pessoas que o procuravam. Chamou-os de raça de víboras. E perguntou quem lhes havia ensinado a fugir da ira futura. Fariseus e saduceus, embora se opusessem entre si, foram tratados igualmente por se vangloriarem de ter Abraão como pai. Eles foram desafiados a produzir frutos. Isto é, viviam uma religiosidade estéril e de exterioridades.

Indignado, João definiu a natureza de seu batismo. Tratava de um batismo com água, visando ao arrependimento. Se todos que o procuravam estavam encantados com seu discurso e sua vida modesta, haveriam de encontrar alguém maior e mais forte do que ele. Ele se referia a Jesus, que anunciaria um batismo com outra natureza: com o Espírito Santo e com fogo.

Jesus, ciente da pregação de João, foi ao seu encontro, junto ao Jordão, para ser batizado. João reconhece seu lugar. Não aceita batizar Jesus. Ele reconheceu a sua distância ontológica em relação a Jesus e entre os dois batismos. Jesus o convenceu rapidamente, dizendo para deixar aquela resistência de lado, pois deveria ser cumprida a justiça.

O Rosário - a Bíblia do povo

Logo que saiu da água, manifestou-se a presença do Espírito de Deus em forma de pomba e uma voz que dizia que Ele era o Filho amado.

Chama-nos atenção, nesse episódio da vida de Jesus, a postura de João. Ele sabia exatamente o que devia fazer e como devia-se apresentar. Não se deixou levar pela possibilidade de fazer um caminho pessoal. Poderia, com a credibilidade que possuía, aventurar-se na constituição de um novo grupo religioso e/ou político. As grandes pessoas sabem, exatamente, sua missão, seu lugar e o momento de se retirarem de cena. Resistem a seduções do poder, do dinheiro e das paixões! Essa resistência se consegue mediante uma disciplina salutar, que possibilita o domínio de nossa selvageria e impulsos. A alimentação e o vestuário utilizados por João, bem como o conteúdo de sua pregação, demonstram o quanto estava focado em sua missão e quais eram os limites de sua atividade.

Reflexão Pastoral

"De fato, o Batismo nos incorpora a Cristo... Ao sair das águas do Batismo, 'todo cristão ouve, de novo, aquela voz que um dia se fez ouvir nas águas do Jordão: 'Tu és o meu Filho muito amado' (Lc 3,22), e compreende ter sido associado ao Filho, tornando-se filho de adoção e irmão de Cristo" (CNBB 105, n. 104).

Ao contemplarmos este mistério, peçamos ao Senhor, por intercessão de Maria, modelo de cristã leiga, que possamos viver o que nos ensinam os nossos bispos: "O cristão leigo é verdadeiro sujeito eclesial, mediante sua dignidade de batizado, vivendo fielmente sua condição de filho de Deus na fé, aberto ao diálogo, à colaboração e à corresponsabilidade com os pastores" (CNBB 105, n. 119).

2º Mistério

O milagre nas Bodas de Caná

"Fazei tudo o que ele vos disser." (Ler Jo 2,1-12)

Reflexão Bíblica

No Evangelho de São João, a sequência dos fatos é construída em duas semanas simbólicas: na primeira semana, têm-se os sinais (milagres) de Jesus e, na segunda semana, contempla-se a Glória de Jesus. Além disso, duas ideias básicas do Antigo Testamento, que sempre estão presentes nesse Evangelho, são a **Aliança** e a **Criação**.

O sinal das Bodas de Caná é o primeiro dos sete sinais da primeira semana simbólica. Esse sinal acontece no "sexto dia", alusão ao dia da **Criação** do homem, que é também o "terceiro dia" após o encontro com Filipe e Natanael; o terceiro dia representa o dia da ressurreição.

Esse sinal é realizado em um casamento, o que remete ao simbolismo matrimonial frequente no Antigo Testamento para indicar a **Aliança** entre Deus e seu povo. Esse casamento foi celebrado em Caná (expressão que é um verbo que, no hebraico, significa adquirir), uma pequena aldeia de montanha a 15 km de Nazaré, no norte da Galileia; ou seja,

O Rosário - a Bíblia do povo

na periferia, em relação a Jerusalém. As Bodas em Caná representam uma simbologia: Deus adquire para si um povo (marginalizado), com o qual realizará a Nova Aliança!

As festas de casamento na Galileia eram as mais esperadas entre as pessoas do campo e duravam de três a sete dias; familiares e amigos acompanhavam os noivos comendo, bebendo e dançando com eles. Maria, Jesus e seus discípulos foram convidados para essa festa especial (em Caná), sinal de proximidade com os noivos.

Durante uma festa de casamento, o vinho não podia faltar; a falta dele representaria uma vergonha e falta de hospitalidade, o que era uma grande ofensa, pois a hospitalidade era um dever sagrado para os judeus. O responsável por providenciar o vinho era o noivo. No casamento em Caná, esse lamentável incidente ocorreu: "Eles não têm mais vinho!"

Os elementos água e vinho tinham sua participação nessa festa. Para o povo judeu a água simbolizava um elemento originário da vida. A água seria transformada em vinho, que simbolizava vida plena, ou seja, vida sem morte, vida com amor e alegria! A água, colocada em talhas de pedra – que serviam para a purificação dos judeus (rituais da Antiga Aliança) –, seria transformada em vinho de qualidade superior, o que representa outra simbologia: a passagem da Antiga à Nova Aliança.

Uma característica da transformação que merece destaque é a superabundância do sinal: cerca de 520 litros de vinho, que correspondem ao esperado para os tempos da chegada do Messias.

Maria é quem percebe a falta! Ela é a primeira serva do novo tempo, da nova Criação. Jesus fala da "sua hora", que deve estar em harmonia com a vontade do Pai. Essa hora ainda não chegou. E é a hora em que "tudo estará consumado", mas o sinal das Bodas de Caná representa exatamente uma antecipação desse momento de grande aliança, de nova criação, de vinho novo (sangue), sendo oferecido em abundância pelos amados.

Reflexão Teológica

Em Caná da Galileia fizeram-se umas bodas. Muita gente foi convidada. Dentre os convidados estavam presentes Jesus, sua Mãe e seus discípulos. Nada se fala de José. Nenhum dos Evangelhos Sinóticos relatou o evento, apenas João. A tradição cristã considera que esse foi o primeiro milagre público de Jesus. Porém, no Evangelho de João, ele tem uma considerável importância simbólica: é o primeiro dos sete "sinais" milagrosos, por meio dos quais a natureza divina de Jesus é certificada.

Durante a festa, ocorreu uma situação bastante comum: acabou o vinho. O que não era comum é o fato de um dos convidados ficar sensibilizado com o acontecido. A Mãe de Jesus, atenta a tudo que ocorria na festa, dirigiu-se a ele e lhe comunicou a situação: "Eles não têm mais vinho". Jesus se surpreendeu com essa abordagem. Afinal, eram convidados e sua hora não tinha chegado. A resposta de Jesus, novamente, foi uma pergunta significativa: "O que queres que eu faça?" Sua hora não tinha chegado; portanto, por que antecipar as coisas? Tudo tem seu tempo.

O momento de manifestar seu poder e sua divindade não era aquele. A hora, tantas vezes, referenciada no Evangelho de João, não era nas Bodas de Caná. No entanto, a Mãe de Jesus, mesmo sabendo que a hora não era aquela, antecipou-se e disse aos serventes: "Fazei tudo o que ele vos disser". A palavra de Jesus é sempre um imperativo. Não há o que discutir, mesmo que ele seja um convidado. Sua autoridade prevaleceu sobre os anfitriões da festa e sobre qualquer pessoa ou instituição.

O Rosário - a Bíblia do povo

Apesar de não ter chegado sua hora e da resposta em forma de pergunta a sua Mãe, ele ordenou aos serventes que enchessem de água as seis talhas de pedra que lá estavam para as purificações dos judeus. Em seguida, ordenou que fossem levadas ao mestre de cerimônia para que experimentasse o vinho que estava naquelas talhas. Surpreso com a qualidade daquele vinho novo, teceu elogios ao esposo por ter guardado o melhor vinho até o final da festa. Ninguém veio a saber como aquelas seis talhas de água se transformaram em vinho de excelente qualidade, a não ser os serventes e a Mãe de Jesus. Esse foi o primeiro de muitos sinais em que Jesus manifestou sua glória e muitos discípulos que o acompanhavam acreditaram nele.

Dessa forma, podemos dizer que houve uma antecipação da hora de Jesus durante as celebrações das Bodas em Caná da Galileia. Sua Mãe teve um papel preponderante; se não fossem sua sensibilidade e a coragem de se dirigir a Jesus, certamente não teria ocorrido esse milagre. É por isso que podemos tê-la como intercessora e medianeira junto a Jesus.

Depois desse episódio em Caná, Jesus foi para Cafarnaum, provavelmente a 39 km, uma vez que é bem difícil estabelecer, com exatidão, a localidade de Caná. É bom destacar que não somente os discípulos, mas também sua Mãe fora com ele. Essa presença da Mãe parece-nos uma constante nas atividades públicas de Jesus.

Reflexão Pastoral

A mãe de Jesus estava lá com Jesus e os discípulos dele. Isso nos sugere a presença amorosa e providencial dos cristãos em todos os âmbitos da vida humana.

Ao contemplarmos este mistério, peçamos ao Senhor, por intercessão de Maria, a Mãe providente, que possamos testemunhar que "a família, comunidade de vida e amor, escola de valores e Igreja doméstica, é grande benfeitora da humanidade. Nela se aprendem as orientações básicas da vida: o afeto, a convivência, a educação para o amor, a justiça e a experiência da fé. É missão da família abrir-se à transmissão da vida, à educação dos filhos, ao acolhimento dos idosos, aos compromissos sociais" (CNBB 105, n. 255). E vamos obedecer ao que nos disse Maria: "Fazei tudo o que Ele vos disser!"

3º Mistério

MISTÉRIOS LUMINOSOS

O anúncio do Reino e apelo à conversão

"Completou-se o tempo, e o Reino de Deus está perto. Convertei-vos e crede no Evangelho!" (Ler Mc 1,14-15)

Reflexão Bíblica

No Evangelho, segundo São Marcos, as primeiras palavras de Jesus são estas: "Cumpriu-se o tempo e o Reino de Deus está próximo. Arrependei-vos e crede no Evangelho". Essas palavras representam o programa de vida do mestre Jesus, são a síntese da Boa Notícia e se apresentam em três momentos: acabou-se o tempo da espera, Deus vai reinar e é preciso adesão completa.

A ideia de cumprimento traz em si uma ligação com toda a história da Antiga Aliança, agora o tempo (*Kairós*) se cumpriu, a plenitude da Aliança sobrevirá. Os gregos antigos (os Evangelhos foram escritos em grego popular, o *koiné*) tinham duas palavras para o tempo: *chronos* e *Kairós*; enquanto *chronos* refere-se ao tempo cronológico e sequencial (natureza quantitativa), *kairós* designa o momento

O Rosário - a Bíblia do povo

indeterminado no tempo em que algo especial acontece (natureza qualitativa).

A expressão "Reino de Deus" aparece 122 vezes no Novo Testamento. Dessas, 99 encontram-se nos evangelhos Sinóticos (similares – Mateus, Marcos e Lucas) e, dessas, 90 pertencem às palavras de Jesus; isso indica a centralidade da mensagem do Reino na pregação de Jesus.

A proximidade do Reino exige dos ouvintes uma resposta: conversão e fé! Fé no Evangelho! A palavra "evangelho" pertence à linguagem do imperador romano, tudo o que vinha da parte do imperador, independentemente se fosse algo bom ou ruim, não era uma simples notícia, era uma mensagem redentora, e deveria representar uma mudança no mundo para o bem. Essa palavra, aqui empregada, denota a relevância da verdadeira mensagem salvífica: não são os imperadores que podem mudar o mundo, mas Deus!

A atividade de Jesus, que começa com esse pronunciamento, está marcada no tempo e no espaço: no tempo, depois da prisão de João, e, no espaço, na periferia: a Galileia. A Galileia era o lugar social que era sinônimo de marginalidade, lugar de gente impura e sem valor. É no meio dessa gente sofrida que Jesus anunciou!

Com a prisão do Precursor, encerra-se o Antigo Testamento e o tempo das promessas e expectativas. A partir disso, o Evangelho aponta para Jesus, o inaugurador do Novo Testamento, portador da Boa Notícia, Ele é a Boa Notícia, em Pessoa (*autobasileia*) – o Messias!

Reflexão Teológica

As atividades públicas de Jesus aconteceram de forma processual. Aos poucos, começou a fazer milagres e anunciar ora a proximidade do Reino, ora sua implantação. Tudo começou após o batismo no Jordão. Logo em seguida ao batismo, o Espírito conduziu-o para o deserto. Lá, vivendo entre feras e com os anjos servindo-o, fora tentado por Satanás. No deserto, Jesus rezava e jejuava. Foi esse um tempo de preparação para a missão que se aproximava. Merece atenção a resistência de Jesus às tentações. O objetivo do demônio era desviar Jesus do caminho correto. Para isso, tentou fasciná-lo com promessas de bens terrenos.

A primeira tentação dizia respeito à alimentação: "Não comeu nada nestes dias e, depois disso, sentiu fome". Então o diabo disse a Jesus: "Se Tu és o Filho de Deus, manda que esta pedra se torne pão". Jesus respondeu: "A escritura diz: Nem só de pão vive o homem" (Mt 4,3-4).

O que isso significa?

Essa tentação nos quer dizer que Jesus tinha um objetivo e estava fazendo um sacrifício para atingir esse objetivo. O demônio propõe a Jesus que não se sacrifique, mas use seu poder para conseguir o pão e não o *"Pão da Vida"* espiritual que Cristo estava buscando. O desafio proposto era uma cilada para que Jesus se mostrasse orgulhoso de seu poder (transformar pedra em pão) e começasse a usar esse poder segundo as leis dos homens e não segundo a Vontade de Deus. Jesus entende o fato e coloca a Vontade de Deus acima de qualquer desejo do demônio. Não precisa provar nada para ninguém. Ele não quis provar nada para ninguém. Deixa claro que todos nós temos necessidades que só podem ser satisfeitas a partir de uma vivência espiritual. O homem precisa de muito mais do que pão para viver.

A segunda tentação se refere ao poder. Jesus está no alto de uma montanha. De lá, pode-se ver o horizonte e imaginar toda a extensão de terra que forma os mais diversos reinos. O demônio diz: "Eu te darei todo poder e riqueza destes reinos, porque tudo isto foi entregue a mim, e posso dá-lo a quem eu quiser. Portanto, se ajoelhares diante mim,

MISTÉRIOS LUMINOSOS

O Rosário - a Bíblia do povo

tudo isto será teu". Jesus respondeu: "Você adorará o Senhor, seu Deus, e somente a Ele servirá" (Mt 4,6-8).

O demônio busca fascinar Jesus com a proposta de poder. Bastava Ele se tornar igual a tantos outros que queriam dominar os povos e submetê-los às situações injustas, que Ele teria todo o poder e o apoio do demônio para dominar esses reinos. Mas Jesus não aceitou essa proposta. Escolheu outro caminho: anunciar o Reino e as verdades fundamentais da vida. A obra de Cristo permanece até hoje, enquanto que a obra dos dominadores e imperadores sempre acaba.

A tentação de ser um aproveitador e dominador é uma constante na vida humana, Jesus nos ensina que devemos servir e ajudar; dessa forma, seremos mais justos, mais felizes e teremos maior realização interior. Jesus foi inteligente ao dizer "não". Mas nem sempre aconteceu assim. Infelizmente, muitos homens de religião buscam o poder, frequentam palácios e fazem da religião uma superestrutura. É importante ter discernimento e bom senso para distinguir as propostas deste mundo, e saber quando nos afastam do Reino ou dele nos aproximam.

A terceira tentação é a onipotência da vaidade. Jesus estava em Jerusalém, na parte mais alta do Templo, quando o demônio lhe disse: "Se és Filho de Deus, joga-te daqui para baixo, porque está escrito: 'Ele dará ordem a seus anjos a teu respeito, e lhes te tomarão pelas mãos, para que não tropeces em nenhuma pedra'. Respondeu-lhes Jesus: 'também está escrito; não tentarás o Senhor teu Deus'" (Mt 4,9-12).

Deus protege quem trilha o caminho do bem, quem não o desafia e coloca à prova. Se Jesus saltasse do alto do Templo e saísse vivo, com certeza, Ele seria aclamado como alguém poderoso e teria inúmeros admiradores prontos para segui-lo. Jesus, porém, sabia que seu caminho era anunciar um Reino diferente. Um Reino de justiça e paz. Um Reino sem vaidades.

Reflexão Pastoral

O Senhor Jesus anuncia o Reino de Deus e nos chama à conversão! Nossos pastores nos ensinam que "o significado da relação entre a Igreja e o mundo vem de uma grandeza maior, que é o Reino de Deus... Para isso existe a Igreja: para o Reino de Deus, que o Cristo glorificado, na força do Espírito, continua a realizar na história humana" (CNBB 105, n. 241).

Ao contemplarmos este mistério, peçamos ao Senhor, por intercessão de Maria, que possamos testemunhar que "o Reino de Deus é o horizonte maior e a reserva inesgotável de justiça e de fraternidade que orienta a ação transformadora dos cristãos no mundo... e que a força do Reino coloca todo sujeito eclesial em postura ativa; em atitude de prontidão para o serviço..." (CNBB 105, n. 247).

4º Mistério

A Transfiguração de Jesus

"Este é meu Filho, o Eleito, escutai-o!" (Ler Lc 9,28-36)

Reflexão Bíblica

A transfiguração de Jesus está presente nos três Evangelhos Sinóticos (similares – Mateus, Marcos e Lucas), mas cada evangelista deu a esse episódio cores próprias, de acordo com o objetivo de cada Evangelho e com a comunidade para a qual foi escrito.

Mateus enfatiza, na Transfiguração, a figura de Jesus como Novo Moisés, o Servo do Senhor e o Profeta por quem chega à humanidade o Reino da Justiça. Marcos responde, com a Transfiguração, em seu Evangelho, à pergunta-chave: "Quem é Jesus?", descreve a epifania (manifestação) do Messias oculto. Por fim, Lucas quer demonstrar que Jesus é o aliado da humanidade, Ele irá concretizar o novo êxodo superando as tentações, enfrentando a morte e subindo para junto do Pai.

A informação temporal no Evangelho de São Lucas – "oito dias depois" – refere-se à profissão de fé de Pedro, na qual o discípulo responde à pergunta de Jesus sobre quem

O Rosário - a Bíblia do povo

Ele era com estas palavras: "Tu és o Cristo de Deus!" Essa afirmação é seguida por um anúncio de Paixão, ou seja, de sofrimento, o que estabelece um fascinante contraste entre a proclamação da divindade e um anúncio de sofrimento. A Transfiguração ilustra, exatamente, este confronto: a glória está ligada à cruz!

O trecho da Transfiguração, em Lucas, também estabelece paralelo com a experiência de Moisés no topo da montanha (episódio narrado no Livro do Êxodo) e estabelece o objetivo da subida de Jesus: "Ele subiu à montanha para orar".

Na experiência de uma oração ardente e transformante, Ele dialoga sobre seu Êxodo com Moisés, o legislador, e com Elias, o profeta. Moisés e Elias, a Lei e os Profetas – síntese para as Sagradas Escrituras – falam com Jesus, eles são um sinal de que Jesus satisfará as expectativas do povo judeu. O êxodo representa sua morte, ressurreição e ascensão; "um caminho de libertação"!

O comportamento dos três discípulos decepciona, eles dormem. Pedro quer permanecer na montanha, que simboliza o momento da glória, ou seja, quer estar na glória sem passar pelo "caminho" da cruz. Eles ainda ficam atemorizados diante da manifestação de Deus por meio da nuvem (shekhiná), que é um sinal da presença do próprio Deus. Contudo, são eles que experimentam uma antecipação da parúsia, e são lentamente introduzidos em toda a profundidade do mistério de Jesus.

A nuvem, no Antigo Testamento, ficava sobre a Tenda da Revelação, Jesus agora representa essa Tenda. "Esse é o meu filho, o Eleito; ouvi-o." Esse é o segundo endosso celestial de Deus ao Filho amado. E, agora, a essa solene proclamação de filiação, acrescenta-se o imperativo: ouvi-o... o que remete, novamente, ao paralelo com Moisés, que subiu a montanha e recebeu de Deus a Torah (a Lei), agora é dito acerca de Jesus: "Deveis escutá-lo". Jesus tornou-se, Ele mesmo, a Revelação! A nova Lei!

Reflexão Teológica

A pregação do Reino não se limitou à pessoa de Jesus. Os doze apóstolos, que receberam poder sobre os demônios e para curar os enfermos, foram enviados também para pregar o Reino de Deus. Houve uma recomendação explícita: nada levar para o caminho. Nem dinheiro, nem duas túnicas, nem pão, nem bolsa.

As atividades de Jesus e dos apóstolos tiveram muita repercussão; chegou ao conhecimento do tetrarca Herodes. Alguns achavam que João havia ressuscitado dos mortos e outros que era uma aparição de Elias.

Herodes, que havia mandado degolar João, queria ver Jesus. A multidão também o procurava sempre. Certa vez, os doze apóstolos lhe disseram para despedir a multidão faminta e com frio. A resposta de Jesus é: "Dai-lhes vós mesmos de comer". Isto é, nada de transferência de responsabilidade. Saciar a fome e agasalhar a multidão é responsabilidade dos doze. Eles se sentiram impotentes: tinham apenas cinco pães e dois peixes. Isso era pouco ou nada para dividir entre os quase cinco mil homens, sem contar as mulheres e as crianças. Pouco para dividir, não para partilhar. A missão dos doze foi organizar a multidão, colocando todos sentados em pequenos grupos de cinquenta. Depois de rezar e abençoar o pouco que tinham, foi possível alimentar a multidão faminta.

A atividade pública de Jesus desperta curiosidade sobre sua real identidade. Ele busca entender a percepção das pessoas a seu respeito. Uns achavam que ele era João Batista, outros Elias ou, até mesmo, um dos Profetas. Havia

O Rosário - a Bíblia do povo

uma confusão quanto à percepção de sua identidade por parte da multidão que o seguia. E os doze? Quem era Jesus para eles? Pedro se antecipa e diz claramente: "o Cristo de Deus". Jesus proíbe que se diga isso às pessoas. A percepção da identidade de Jesus é um processo lento e é preciso respeitar o caminho das pessoas. A multidão não sabia, com exatidão, quem era Jesus. Diante dessa situação, ele começou a falar de padecimento, rejeição, cruz, morte e, por que não, de ressurreição. O seguimento de sua pessoa incluirá também a cruz. Não há seguimento sem cruz diária.

Oito dias depois de vincular seu seguimento com a dura realidade do sofrimento e da cruz, Jesus se afasta para rezar no monte. Ele leva consigo, não os doze, mas apenas Pedro, Tiago e João. Durante a oração, seu rosto se transfigura: a roupa fica branca e resplandecente e a fisionomia de seu rosto se altera. É um momento de glória. Dois homens conversam com ele: são Moisés e Elias. Um representa a Lei e o outro os Profetas. O conteúdo da conversa é a morte de Jesus que ocorreria em Jerusalém. Há uma relação estreita entre morte e glória. Pedro, Tiago e João estavam dormindo e, quando acordaram, viram a glória de Jesus e os dois homens que com Ele conversavam. Pedro logo tomou a iniciativa e sugeriu que se fizessem três tendas, pois era bom estar naquele lugar, presenciando aquele momento. Paradoxalmente, foram encobertos por uma nuvem e tiveram medo. Não viram mais ninguém; apenas ouviram uma voz dizendo que Jesus é o Filho Amado que deve ser ouvido.

A transfiguração foi uma experiência marcante na vida dos três apóstolos. Nada comentaram a respeito com as demais pessoas. Há situações na vida que são tão íntimas que devem ser guardadas conosco, dentro do coração. Somente Deus, que olha nosso interior, as conhece.

Reflexão Pastoral

"Jesus levou consigo Pedro, João e Tiago, e subiu a montanha para orar." Nossos bispos nos ensinam: "A oração e a contemplação são fundamentais na vida dos cristãos. É preciso cultivar um espaço interior dinamizado por um espírito contemplativo que ajude a cuidar da integridade, da consciência e do coração e dê sentido cristão ao compromisso e às atividades. Uma espiritualidade encarnada caracteriza-se pelo seguimento de Jesus, pela vida no Espírito, pela comunhão fraterna e pela inserção no mundo" (CNBB 105, n. 184-186).

Ao contemplarmos este mistério, peçamos ao Senhor, por intercessão de Maria, modelo de oração e contemplação, que nos ensine a autêntica oração que nos prepara e fortalece para a missão a serviço do Reino de Deus.

5º Mistério

A instituição da Eucaristia

"Pois eu vos dei o exemplo, para que façais como eu fiz."
(Ler Jo 13,1-15)

Reflexão Bíblica

O texto de João não fala da Eucaristia como fazem os Evangelhos Sinóticos (Mt 26,26-29; Mc 14,22-25; Lc 22,19-20). A ceia de que fala João tem lugar "antes da festa da Páscoa". Jesus havia rompido com o sistema judaico de opressão e marginalização. Ele instaura um novo tempo, uma nova Páscoa, aquela que seria celebrada com sua morte na cruz. A partir do serviço, Ele é o maior servidor.

O texto fala que Jesus está plenamente consciente desse momento. Isso é expresso pelo verbo grego *"oida"* que significa conhecimento adquirido, plena consciência do que se faz. Esse verbo aparece mais duas vezes nesse trecho de João. Essa consciência está associada à "hora" de Jesus, que será o momento em que tudo estará consumado, ou seja, toda a sua missão, seu serviço à humanidade estará completo.

O essencial do termo "hora" é delineado por João por duas palavras: é a hora da passagem (metabaínein – metá-

O Rosário - a Bíblia do povo

basis) e a hora do amor (ágape), até o fim. A transformação (passagem) do ser que atingirá um amor capaz de irromper na esfera divina (amor-ágape) até a morte, por serviço ao outro. O dar-se no Pão (Eucaristia) dos Evangelhos Sinóticos aqui é contornado por serviço!

Tomar refeição juntos é sinal de comunhão e partilha. A ceia já havia começado, e Jesus ocupa o lugar de honra, mas Ele depõe o manto (sinal de dignidade do senhor) e põe o avental (traje e função caraterísticos do escravo, servo). Despojar-se do manto significa abrir mão dos privilégios. A tarefa de lavar os pés era dos escravos não judeus ou das mulheres. Jesus ocupa a posição do servo sendo o Mestre e Senhor. Tarefa humilde que será o exemplo a ser seguido.

Duas formas de reação humana ao mistério do Senhor são abordadas: Pedro e Judas. Pedro se escandaliza diante do Mestre que se faz servo. Não quer abrir mão dos privilégios e das categorias sociais, porém adere ao Senhor, mesmo sem compreender. Judas tem seus pés lavados e partilha da mesma refeição, contudo, mergulha nas dúvidas, incertezas, divisões, ou seja, tem o diabo (diabolôs- divisão) em seu coração e não se deixa penetrar pelo Amor de Deus.

Jesus retomou o manto, porém não retirou o avental. Ação que contém grande simbologia: Ele continuará como servo da humanidade!

Reflexão Teológica

A Páscoa é uma festa significativa para o povo eleito. A Páscoa judaica celebra o dia em que Deus libertou os escravos israelitas do Egito. Deus mandou os israelitas se lembrarem dessa data importante todo ano, no dia 14 do mês judaico de *abibe*, que mais tarde foi chamado nisã (cf. Êx 12,42 e Lv 23,5). O nome "páscoa" vem de uma palavra hebraica que significa, literalmente, *"passar por cima"*. Naquela ocasião, Deus poupou os israelitas de uma calamidade que matou todo primogênito no Egito. Antes de trazer essa praga devastadora, Deus orientou os israelitas a passarem um pouco do sangue de um cordeiro ou cabrito na entrada da casa. Ele veria esse sinal e "passaria por cima", quer dizer não mataria o primogênito daquela casa.

Os procedimentos para a Páscoa foram dados com detalhes. No dia 10 de abibe (nisã), as famílias escolheriam um cordeiro (ou cabrito) de 1 ano de idade e macho, que seria abatido no dia 14. Na primeira Páscoa, os judeus passaram um pouco do sangue do animal nas laterais e na viga superior da entrada das casas, assaram o animal inteiro e o comeram, conforme descreve o livro do Êxodo 12,2-9. Além do cordeiro (ou cabrito), os israelitas também comiam pão sem fermento e ervas amargas. Logo depois da Páscoa, os israelitas celebravam a Festividade dos Pães sem Fermento por sete dias. Durante esse tempo, eles não podiam comer pão com fermento. Os pais aproveitavam a Páscoa para ensinar seus filhos sobre Deus. Mais tarde, os israelitas começaram a viajar até Jerusalém para celebrar a Páscoa. Nos tempos de Jesus, as pessoas também tomavam vinho e cantavam na celebração da Páscoa (Mt 26,19.30; Lc 22,15-18).

Todos os anos, essa festa é celebrada com devoção. A família de Jesus sempre o fazia, conforme prescrevia a tradição. Na idade adulta, Jesus percebeu que sua hora estava chegando. A hora é a passagem deste mundo para o Pai. É a hora da morte!

Por ocasião da Páscoa, Jesus fez uma ceia com os seus apóstolos. Depois de ter celebrado a Páscoa em 14 de *nisã* do ano 33, Jesus deu início a uma nova celebração: a Ceia do Senhor (Lc 22,19-20 e 1Cor 11,20). Essa ceia substituiu a Páscoa judaica, pois celebra o sacrifício do "Cristo, o Cordeiro Pascoal" (1Cor 5,7). O sacrifício de

O Rosário - a Bíblia do povo

Cristo na cruz é um sacrifício de resgate; trata-se de um sacrifício superior ao sacrifício de animais da páscoa judaica, porque liberta as pessoas da escravidão do pecado e da morte (Mt 20,28; Hb 9,1).

Foi uma demonstração de amor. Jesus sabia que havia depositado tudo nas mãos do Pai; sabia de sua origem e destino. Os gestos são significativos, sobretudo o de lavar os pés. O tom dessa ceia é de despedida.

Lavar os pés é uma atitude corajosa; rompe barreiras e preconceitos. Significa inverter a lógica da dominação pelo gesto do serviço. O maior não é servido, mas é servo de todos. Trata-se de uma lógica incomum. Pedro se sente incomodado com o fato de Jesus lavar os seus pés. Quem está limpo, precisa lavar apenas os pés. Mas naquele grupo havia alguém que "não estava limpo". Jesus faz uma clara referência a Judas Iscariotes. De fato, Judas já trazia consigo a intenção de trair Jesus e entregá-lo às autoridades religiosas e políticas. Pedro reagiu porque estava ocorrendo uma mudança de princípios. Jesus lhe diz que se não lavar seus pés, ele não terá parte com ele. Em outras palavras: Pedro, para estar com Ele, deveria assumir o procedimento de lavar os pés como prática habitual. Tratava-se de uma nova ordem instaurada.

Reflexão Pastoral

Jesus nos dá a própria vida e se dá em alimento e força na caminhada. "O Concílio Vaticano II recomenda que os leigos alimentem sua espiritualidade na Palavra de Deus e na Eucaristia, 'fonte e centro de toda a vida cristã'. Na Eucaristia, os cristãos apresentam a Deus, por Jesus Cristo, o louvor de suas vidas, nutrem a fé, a esperança e a caridade, expressam a fraternidade e são enviados novamente em missão" (CNBB 105, n. 185).

Ao contemplarmos este mistério, peçamos ao Senhor, por intercessão de Maria, "Sacrário vivo da Eucaristia", que vivamos o que nos ensina o papa Bento XVI: "O sacramento da Eucaristia tem um caráter social... É necessário explicitar a relação entre o mistério eucarístico e o compromisso social abrindo-nos ao diálogo e ao compromisso em prol da justiça, à vontade de transformar também as estruturas injustas. A Igreja não deve ficar à margem da luta pela justiça" (SCa, n. 89; CNBB 105, n. 252).

Terceira Contemplação

Mistérios Dolorosos

(terças-feiras e sextas-feiras)

Terceira Contemplação

Mistérios Dolorosos

(terças-feiras e sextas-feiras)

1º Mistério

A agonia de Jesus no Horto das Oliveiras

"Ó Pai, não aconteça como eu quero, mas como vós quereis."
(Ler Mc 14,32-42)

Reflexão Bíblica

Getsêmani (*Shmanê* – prensa de azeite) é um jardim situado na encosta do Monte das Oliveiras, onde Jesus e seus discípulos costumavam ir para orar. A experiência de Jesus nesse jardim, a apenas algumas horas de ser entregue, comove pela agonia, termo que também pode ser traduzido por luta. É interessante notar que apenas alguns momentos antes, Jesus havia ceado com os discípulos, em clima alegre e festivo e, ainda, cantado hinos.

Duas cenas vividas no horto são relatadas: a primeira (v. 33-36), a profunda humanidade de Jesus, e, a segunda (v. 37-42), o entorpecimento dos discípulos enquanto Jesus se esforçava na oração.

Pedro, Tiago e João, testemunhas de outros momentos importantes, são chamados a participar da vigilância, no momento da angústia, quando Jesus é dominado pelo

MISTÉRIOS DOLOROSOS

O Rosário - a Bíblia do povo

medo e pela tristeza, na expectativa de sua morte iminente. Porém, eles dormem! O Mestre buscava companhia de seus amigos.

"Minha alma está numa tristeza mortal" trata-se de uma referência às palavras do salmo 43,5, em que Jesus se faz o sujeito das orações. Ele é o verdadeiro orante dos salmos.

Outra característica da humanidade de Jesus diz respeito à aceitação final da Vontade do Pai. A profunda submissão e o grande amor pela humanidade foram evidenciados na obediência do Filho ao Pai. Pai que é chamado por uma expressão, "Abbá", que pertence à linguagem das crianças, o que representa a profunda e íntima relação.

Na segunda cena, três vezes o Senhor insiste no vigiar e no orar. Jesus ora e o conteúdo de sua oração é a Vontade do Pai. Três vezes os discípulos dormem. Fazer a Vontade do Pai e orar para não cair em tentação são pedidos expressos na Oração que Jesus ensinou, o Pai-nosso!

No paralelo entre o humano Jesus e os discípulos, o grande contraste: por um lado, Jesus fiel, vigilante e orante, prostrado diante da Vontade do Pai, e de outro lado, a total deserção dos discípulos, desorientados pela incapacidade de assimilar um Messias servidor e doador da vida.

Reflexão Teológica

Havia uma intenção deliberada de prender Jesus. Esperou-se friamente a festa dos pães ázimos e a Páscoa. Por que exatamente nesse período? Se o fizessem na Páscoa, haveria alvoroço. Então, optou-se por dois dias antes da Páscoa. Depois, com as comemorações, tudo seria esquecido, e tanto a prisão quanto a morte cairiam no esquecimento.

Um dos doze, Judas Iscariotes, esteve com os principais sacerdotes. É interessante observar que o texto sagrado, quando se refere a Judas Iscariotes, utiliza a expressão "um dos doze", que enfatiza que ele era do grupo de Jesus. Ele, sabendo do projeto das autoridades de prender Jesus, procurou, de iniciativa própria, os sacerdotes para lhe entregarem. Depois de ouvirem o plano de Judas, prometeram-lhe dinheiro. Ao longo da história, o dinheiro acompanha o poder e as paixões. Nesses ambientes, a traição é sempre uma possibilidade real. Poder, dinheiro e paixão constituem situações que pedem uma atenção redobrada de qualquer pessoa de boa vontade. Devemos ficar atentos a essas situações da vida.

Jesus indica quem seria o traidor. Embora a traição fosse uma possibilidade para todos, da daquela noite tinha um autor definido: "É aquele que põe comigo a mão no prato". A traição é sempre obra de alguém próximo, do convívio e da confiança. Se assim não o fosse, não seria traição.

É nesse contexto que se parte o pão e bebe o cálice com vinho. O pão é o Corpo de Jesus, que será entregue; o cálice com vinho é o Sangue, que será derramado pelos apóstolos e por muitos. Quanto ao traidor, seria melhor não ter nascido.

Em seguida, cantou-se o hino e foram para o Jardim das Oliveiras. No caminho, Jesus falou da dispersão que ocorreria entre os discípulos em razão de sua prisão e morte. Falou-lhes, também, da ressurreição e de um reencontro na Galileia. Pedro reagiu dizendo que não o abandonaria. Jesus não se iludiu com Pedro e diz que naquela noite ele o negaria três vezes. E não somente Pedro! Os demais apóstolos também diziam que não abandonariam Jesus.

Chegando ao Jardim das Oliveiras, pediu aos onze apóstolos para se sentarem enquanto ia rezar. Tomou consigo os três mais próximos (Pedro, Tiago e João) e se distanciou um pouco. Começou a se angustiar e a sentir pavor. Estava triste! Muito triste! É agonia da morte que se aproximava a passos largos. Por que se morre? Por que o justo sofre?

O Rosário - a Bíblia do povo

Onde está Deus? Jesus vai um pouco mais adiante e pediu aos três apóstolos que vigiassem. Ele se jogou no chão. Estava em agonia e pediu ao Pai para, se possível, livrá-lo daquela hora. "Pai, afasta de mim este cálice!" O cálice da morte é amargo!

Em seguida, conforma-se e diz: "não seja feita a minha vontade, mas a sua". No Jardim das Oliveiras, percebemos o conflito entre as duas vontades: humana e divina. Percebemos como é difícil renunciar à própria vontade em favor da divina; como é difícil saber, com exatidão, qual é a vontade divina. Aqui se abre espaço para a fé, pois a razão humana é insuficiente para elucidar tamanho mistério.

Reflexão Pastoral

Mais uma vez, Jesus chama Pedro, Tiago e João e se retira para orar. Experimenta uma profunda angústia, mas faz uma total doação à Vontade de Deus: "Pai! Afasta de mim este cálice! Mas seja feito não o que eu quero, porém o que tu queres".

Nossos bispos nos ensinam: "A missão precisa do 'pulmão da oração', da mística, da espiritualidade, da vida interior" (CNBB 105, n. 196).

Ao contemplarmos este mistério, peçamos ao Senhor, por intercessão de Maria, que também disse "sim" à Vontade de Deus, para que, para além das angústias e sofrimentos, deixemos que se realize em nós o que o Senhor quiser.

2º Mistério

A flagelação de Jesus

"Pilatos então tomou Jesus e mandou flagelá-lo." (Ler Jo 19,1)

Reflexão Bíblica

Roma estabelecia procuradores que governavam a Judeia e a Samaria, e agiam sob influência direta dela. Pilatos foi o quinto dos sete procuradores romanos, que de 6 a 41 d.C. governaram a Judeia e Samaria. Ele governou como procurador romano da Judeia, subordinado ao governador da Síria, por nove a dez anos (26-36 d.C.). Sua principal obrigação consistia em administrar as finanças e recolher os impostos para o tesouro imperial. Era uma figura controversa: para muitos, um homem insensível e cruel, para outros, um homem justo.

Algumas Igrejas Orientais (como as igrejas coptas e etíopes) celebram Pôncio Pilatos e sua esposa como santos. São Pôncio Pilatos é honrado em 25 de junho, na igreja copta, como um homem que se converteu e morreu como mártir por sua fé em Jesus.

Muitas interpretações alegam que Pilatos mandou açoitar Jesus na esperança de que os judeus aceitassem o castigo no lugar da crucificação. A decisão final foi de Pilatos; toda-

O Rosário - a Bíblia do povo

via, por duas vezes ele declarou que não considerava Jesus culpado por nenhum crime. Ainda assim, mandou flagelá-lo.

A flagelação era uma punição que, no direito romano, era infligida como castigo concomitante ao da condenação à morte. No julgamento de Jesus, a flagelação aconteceu justamente por uma autorização do procurador romano, quando ainda o julgamento não tinha terminado.

Jesus já tinha passado por outras (provavelmente duas) sessões de tortura, quando Pilatos o entregou à flagelação. A flagelação acontecia com chibatadas nas costas por açoites chamados "fragum"; esses eram feitos de tiras de couro, às quais eram atados vários pedaços de ossos e metais. Os prisioneiros que recebiam essas chibatadas tinham muitos ferimentos, as pontas do chicote penetravam na pele, dilacerando a carne e, muitas vezes, atingindo órgãos internos. Os carrascos eram soldados romanos acostumados à violência e às guerras; tinham muita força. Muitos prisioneiros morriam ao receber esse castigo tão cruel, antes mesmo da crucificação.

Reflexão Teológica

Jesus foi conduzido até Pôncio Pilatos, que era o prefeito da província romana da Judeia do ano 26 d.C. até o ano 36 ou começo do 37 d.C. Sua jurisdição chegava até a Samaria e a Iduméia. Os Evangelhos referem-se a ele de forma genérica com o título de "governador".

Uma de suas atribuições era manter a ordem na província e administrá-la, tanto judicial, como economicamente. É justamente por isso que Jesus foi levado até ele. Era uma autoridade judicial e administrativa, uma vez que também recolhia os impostos da população. Talvez aqui tenhamos uma chave de leitura para compreender o alcance político de sua postura e decisão no processo contra Jesus.

Pilatos recebeu Jesus e se dirigiu a Caifás perguntando quais eram as acusações, porém a resposta foi evasiva e desafiadora ao poder romano: *"O senhor acha que nós lhe entregaríamos este homem se ele não tivesse cometido algum crime?"* (Jo 18,29-31). Pilatos determinou que o Sumo Sacerdote levasse Jesus e o julgasse conforme as leis hebraicas, mas as leis hebraicas não executariam Jesus. O Sumo Sacerdote insistiu no julgamento romano. Pilatos não achou culpa em Jesus e propos à multidão o *privilegium paschale*. A multidão pediu a crucificação.

Os historiadores do século I, Flávio José e Filão, dizem que Pilatos, por sua função administrativa, tinha um relacionamento tumultuado com os judeus. Tinha uma conduta abusiva e violenta. Ele executava prisioneiros sem serem julgados, condenando-os à morte. Era um homem cruel. O Evangelho de Lucas menciona um incidente em que ele ordena que o sangue de alguns Galileus seja misturado ao dos sacrifícios (cf. Lc 13,1). Há relatos de repressão violenta (como é o caso dos samaritanos) e de desvios do dinheiro sagrado para construir um aqueduto, fato que levou a uma revolta sangrenta. O final de sua vida foi trágico, pois caiu em desgraça na época do Imperador Calígula e se suicidou.

Esses fatos históricos nos ajudam um pouco a conhecer o caráter e a política de Pilatos, bem como a compreender a sua postura no processo contra Jesus. Foi ele quem mandou executar Jesus Cristo. Ironicamente, seu nome foi incluído no símbolo da fé cristã: "padeceu sob Pôncio Pilatos, foi crucificado, morto e sepultado...". Essa inclusão quer reafirmar o caráter histórico do processo, condenação e assassinato de Jesus pelo estado. Com isso, podemos afirmar com segurança que a fé cristã é uma religião histórica e não um programa ético ou uma filosofia. A redenção operou-se em um lugar concreto do

O Rosário - a Bíblia do povo

mundo, a Palestina, em um tempo concreto da história, quando Pilatos era prefeito da Judeia.

Pilatos mandou açoitar Jesus. A lei romana era taxativa quanto à pena de flagelação e a vetava para homens livres, somente escravos e homens sem capacidade jurídica poderiam ser condenados a ela. Já a pena de tortura, instituída na Lei das XII Tábuas, era prevista somente para ladrões apanhados em flagrante e para menores que furtavam no meio da noite, ou, em outros casos, somente para escravos, nunca para homens livres. Jesus foi flagelado e torturado, mesmo sendo um homem livre.

Jesus estava fisicamente exausto e em risco de sofrer um colapso, caso não recebesse líquidos (o que aparentemente não aconteceu). Esse é o homem a quem os soldados Romanos torturaram. Tendo sido, anteriormente, surrado pelos judeus, chega agora a vez dos romanos. Sabe-se que os castigos corporais dos soldados romanos eram muito sangrentos, deixando ferimentos por todo o corpo. Eles desenhavam seus açoites para cortar a carne dos corpos de suas vítimas.

O castigo da crucificação começava com flagelação, depois de o criminoso ter sido despojado de suas vestes. Tirava-se a roupa da parte superior do condenado, suas mãos eram amarradas, era preso a uma coluna baixa e deveria encurvar as costas para que os golpes fossem desferidos com toda força!

Na ponta do açoite, os soldados fixavam pregos, pedaços de ossos ou coisas semelhantes, podendo a tortura do açoitamento ser tão forte que, às vezes, o flagelado morria em consequência do açoite. Os torturadores eram homens fortes, acostumados ao manejo do chicote, e golpeavam com muita força, sem compaixão ou misericórdia. Os primeiros golpes faziam com que o sangue formasse bolhas debaixo da pele. Com os golpes seguintes, essas bolhas estouravam, e a carne viva ficava exposta.

Reflexão Pastoral

O Senhor Jesus, mesmo sendo inocente, foi flagelado e essa flagelação continua hoje nos que sofrem "novas formas de pobreza e fragilidade: O sem abrigo, os refugiados, os povos indígenas, os negros, os nômades, os idosos, as pessoas que sofrem formas diferentes de tráfico, as mulheres que padecem situações absurdas de violência e maus-tratos, os menores em situação de risco, os deficientes, os nascituros – os mais indefesos de todos" (CNBB 105, n. 180).

Ao contemplarmos este mistério, peçamos ao Senhor, por intercessão de Maria, que possamos entender que "é possível um encontro significativo com o Deus revelado em Jesus Cristo, que nos permite descobrir que 'somos depositários de um bem que humaniza', que nos ajuda a viver uma vida nova e, portanto, a buscar esta vida nova para todos" (CNBB 105, n. 186).

3º Mistério

Jesus é coroado de espinhos

"Fizeram uma coroa de espinhos e puseram-na em sua cabeça."
(Ler Mc 15,17-19)

Reflexão Bíblica

Antes da condenação de Jesus à morte, três cenas narradas nos Evangelhos chamam atenção pelo drama: a primeira, a escolha entre Jesus e Barrabás (no original, *"Bar abba"*, filho do pai – uma espécie de caricatura da figura messiânica); a segunda, a flagelação de Jesus (com requintes de crueldade) e, por fim, a coroação de espinhos.

A coroação de espinhos se apresenta como uma espécie de ritual de entronização de um rei: entrega das insígnias reais (manto vermelho, coroa de espinhos e cetro de cana), reconhecimento de realeza (saudação e o ajoelhar-se) e homenagens. As insígnias reais representavam uma espécie de realeza que o próprio Jesus condenara e rejeitara.

Vestir-se de púrpura (vermelho) era prerrogativa dos reis, e o manto usado por Jesus era, na verdade, um pedaço velho de manto dos soldados romanos, chamado clâmide.

O Rosário - a Bíblia do povo

A coroa de espinhos foi mais uma forma que os romanos encontraram de torturar Jesus antes de sua crucificação. Ao longo dos séculos, vários artistas retrataram a coroa de Jesus como uma espécie de tiara, em forma circular, entrelaçando a cabeça de Jesus; porém alguns historiadores acreditam que a coroa era na verdade uma espécie de piléu (gorro que cobria toda a cabeça).

O cetro (cana) era usado por chefes, líderes ou reis de várias culturas como sinal de autoridade. Os soldados romanos zombavam de Jesus e batiam em sua cabeça com esse cetro: era uma maneira de caçoar de sua autoridade.

Na Bíblia, os espinhos indicam uma espécie de maldição, representam dor e sofrimento. Já no livro do Gênesis, depois da desobediência de Adão e Eva, isso é retratado: "... Ele (o solo) produzirá para ti espinhos e cardos".

A saudação proferida pelos soldados, "Salve, rei dos judeus!", foi considerada o crime de Jesus, o *laesa maiestas* (lesa majestade) da jurisdição romana. Contudo, Jesus não reivindicava um reino político, sua realeza estava exatamente em oposição ao reino do mundo.

Não bastava, entretanto, que a coroa de espinhos fosse um instrumento de tortura, de maldade extremada, os soldados ainda batiam na cabeça de Jesus fazendo penetrar, ainda mais, os espinhos em sua cabeça. Importante lembrar que Jesus tinha sido flagelado antes disso, ou seja, sangue devia jorrar por todo o seu corpo. O rosto transfigurado do Tabor é desfigurado no Pretório. E, ainda, o "homenageavam" com cusparadas e zombarias em sua condição de dor e miséria.

Reflexão Teológica

Jesus foi levado à casa do governador Pôncio Pilatos. Essa casa era o Pretório. Ele residia ali quando não estava em Cesareia, sua fortaleza em Israel. Os soldados que conduziram Jesus chamaram toda a tropa que estava ali (Mt 27,27). Pilatos ordenou que Jesus fosse torturado. A intenção era torturar e humilhar Jesus. Diz o texto bíblico que "tiraram-lhe a roupa e vestiram-lhe um manto vermelho" (Mt 27,28).

Esse manto vermelho era a tradicional capa curta utilizada por soldados, oficiais, magistrados, reis e imperadores. Dessa forma, eles continuaram a ferir Jesus, física e emocionalmente, humilhando-o com seus adereços debochados.

Foi-lhe colocada uma coroa de espinhos na cabeça. Essa era capaz de irritar gravemente os nervos mais importantes da cabeça, causando uma dor, cada vez mais, intensa e bastante aguda com o passar das horas. Certamente, queriam destruir as ideias e a mensagem de Jesus.

No estado em que Cristo se encontrava, esses golpes poderiam tê-lo matado: seu corpo estava seriamente ferido, cortado e ensanguentado. Ele não havia se alimentado; havia perdido líquido. Estava, seguramente, desidratado.

Depois de terem colocado a coroa de espinhos em sua cabeça, entregaram-lhe uma vara, para ser segurada como um cetro. Ajoelharam-se diante dele. Jesus foi zombado. Foi objeto de escárnio. Os soldados gritavam: "Salve, rei dos judeus" (Mt 27,29). Além da tortura física, ocorreu a psicológica. Uma atingiu o corpo, a outra a alma. Ambas feriram. Ambas precederam a morte violenta.

A coroa de espinhos representa o diadema real. A vara, o cetro. Ambos usados por magistrados romanos. A intenção dos soldados era fazer de Jesus uma caricatura real. A matéria-prima da coroa eram ramos de espinheiros ou acácia da Síria, comuns na região e com espinhos tão longos quanto um dedo. A tropa formava uma espécie de fila, enquanto se ajoelhava diante de Jesus desejando-lhe vida longa e prosperidade.

O Rosário - a Bíblia do povo

O deboche é acompanhado do riso. Segundo Aristóteles, o riso está ligado ao escárnio dos "de cima" em relação aos "de baixo". Eram gargalhadas, gritos, farra. O riso, nessa perspectiva, tem a ver com o poder. O que se ouvia era o barulho do escárnio misturado aos açoites. Diziam: "Salve, rei dos judeus!", e gargalhavam. Debochavam de Jesus porque ele era considerado um fracassado.

Reflexão Pastoral

Agudos espinhos penetram a fronte do Senhor Jesus, o qual age com infinita paciência histórica com aqueles que não reconheceram sua proposta do Reino de Deus e zombam dele com uma coroa de espinhos. O papa Francisco nos alerta: "Não servem as propostas místicas desprovidas de um vigoroso compromisso social e missionário, nem os discursos e ações sociais e pastorais sem uma espiritualidade que transforme o coração" (EG, n. 70; CNBB 105, n. 196).

Ao contemplarmos este mistério, peçamos ao Senhor, por intercessão de Maria, que possamos ter paciência com os que nos perseguem e fazem sofrer e coragem para assumirmos a fé autêntica, que liberta e transforma o mundo.

4º Mistério

Jesus carrega a cruz para o Monte Calvário

"Detiveram certo Simão Cireneu, que voltava do sítio, e puseram a cruz sobre ele, obrigando-o a levá-la atrás de Jesus." (Ler Lc 23,26-32)

Reflexão Bíblica

Jesus tinha sido condenado à morte, e sua morte seria por crucificação. Ele deveria carregar a haste transversal, que seria presa à haste vertical, a qual permanecia fixa no local da execução. Porém, como já tinha apanhado muito e estava bem debilitado, um homem foi obrigado a ajudá-lo: Simão de Cirene.

Simão era de origem africana, um judeu da diáspora (dispersão – que morava fora da Palestina), oriundo de uma região do Norte da África, de uma colônia na Líbia, atual de Tunísia. Ele, provavelmente, estava em Jerusalém para a celebração da Páscoa Judaica.

O acatamento da ordem de carregar a cruz "atrás de" Jesus deixou seu nome registrado na história, assim ele é a figura do verdadeiro discípulo. São Marcos registra em seu

O Rosário - a Bíblia do povo

Evangelho que Simão era pai de Alexandre e Rufo, dois importantes evangelizadores das primeiras comunidades cristãs (Mc 15,21).

Os homens judeus, por ocasião da Festa da Páscoa, participavam de um ritual no Templo: trajavam-se de linho puro e sem mancha, e permaneciam diante do altar dos sacrifícios à espera da aspersão que o Sumo Sacerdote fazia do sangue do cordeiro imolado para a celebração. O homem que tinha sua túnica alvejada com esse sangue a ostentava como um troféu.

Uma grande ironia: o sangue de Jesus (sangue derramado pela Salvação da humanidade), que certamente se espalhou pela roupa de Simão de Cirene, tornava-o "impuro" para a participação no ritual, uma vez que, para a Lei Judaica, era maldito todo aquele que fosse pendurado no madeiro da cruz (Dt 21,23).

O trajeto que Jesus percorreu pelas ruas sinuosas de Jerusalém é chamado de Via Dolorosa, e São Lucas nos conta que Jesus foi seguido por uma grande multidão, inclusive mulheres, que lamentavam por Jesus, a quem Ele dirige a palavra em uma declaração profética sobre Jerusalém.

O lamento das mulheres não deveria ser por jesus, conforme Ele mesmo orientou, mas por aqueles que passariam pela destruição de Jerusalém, que aconteceria em 70 d.C., tempo de extrema penúria. Melhor seria que as mulheres não tivessem sido abençoadas com a maternidade, pois o sofrimento de seus filhos, de inocentes, seria cruel. O desejo de morte nesse momento ("Montanhas, caí sobre nós!") seria preferível às barbáries que iriam testemunhar.

As expressões "lenho verde" e "lenho seco" fazem alusão ao justo inocente e ao injusto culpado, respectivamente; se sofre e morre o lenho verde, o que acontecerá com o seco?

Reflexão Teológica

Depois das humilhações e torturas físicas e psicológicas, Pilatos fez uma tentativa de soltar Jesus. Diz o texto bíblico que, durante o interrogatório, ele saiu outra vez e disse aos judeus: "Agora eu vou trazer Jesus aqui fora para vocês, mas entendam que eu não acho nele motivo algum de acusação". Então Jesus saiu com a coroa de espinhos e o manto de púrpura.

Pilatos disse: "Aqui está o homem!" Ao ver Jesus os sacerdotes mais importantes e os guardas do templo começaram a gritar: "Crucifique-o! Crucifique-o!" (Jo 19,4-6). Esse grito foi avolumando-se e alcançou a multidão. A multidão tem dificuldade de pensar objetivamente. É movida pela emoção do momento e fica cega. Grita loucamente. Deseja matar a Jesus.

A decisão do julgamento, lançada ao povo, em um estranho gesto democrático, decidido pela maioria, era a morte de Jesus. Certamente, naquele grupo, havia pessoas que eram contra a morte de Jesus. Mas suas vozes tímidas foram sufocadas pela maioria.

Esse apelo à maioria, muitas vezes, é utilizado para justificar decisões que deveriam ser de responsabilidade pessoal. Pilatos, que vivia uma crise de autoridade e cuja popularidade estava em baixa por causa de ações injustas, desvios e corrupção, usou da situação para alavancar sua vida política. Entrou para a história como um homem covarde.

Visto que a decisão final era a crucificação, os soldados tiram de Jesus a capa e lhe devolvem suas roupas. A essa altura, Jesus estava exausto: sem dormir, com fome e sede. Estava ferido. Fisicamente esgotado.

Jesus é condenado à crucifixão e conduzido para fora da cidade. A cruz lhe é entregue e Ele a carrega, em direção ao lugar chamado Calvário, em hebraico Gólgota (Jo 19,17).

O Rosário - a Bíblia do povo

A pena da crucifixão tem uma origem oriental, especialmente persa. Foi adotada pelos cartagineses e romanos. Na literatura romana é descrita como cruel e temida; não era infligida aos cidadãos de Roma, mas reservada para escravos e não romanos que tinham cometido crimes atrozes, como homicídio, roubo grave, traição e rebelião. Jesus não havia cometido nenhum desses crimes. Se um romano jamais poderia ser condenado à morte de crucifixão, por ser a cruz o símbolo máximo da desonra, reservada aos piores criminosos. Jesus, um não romano, recebeu essa condenação. Esse sinal da vergonha, por excelência, foi abraçado por Jesus: *"Ele próprio carregava a sua cruz..."*

Reflexão Pastoral

Condenado por um tribunal injusto, Jesus carrega sua cruz! "Um desafio para os cristãos leigos e leigas é superar as divisões e avançar no seguimento de Cristo, aprendendo e praticando as bem-aventuranças do Reino, o estilo de vida do Mestre Jesus: seu amor e obediência filial ao Pai, sua compaixão diante da dor humana, seu amor serviçal até o dom de sua vida na cruz: 'Se alguém quiser vir após mim, renuncie a si mesmo, tome sua cruz e siga-me!' (Mc 8,34)" (CNBB 105, n. 191).

Ao contemplarmos este mistério, peçamos ao Senhor, por intercessão de Maria, que possamos compreender que "a cruz indica o rumo de vida para o cristão, como força para a superação permanente dos males, do sofrimento e da morte..." (CNBB 105, n. 191). Com Cireneu e com Verônica, aprendamos a ajudar e consolar os que sofrem.

5º Mistério

A crucificação, sofrimento e morte de Jesus

"Pai, em vossas mãos entrego meu espírito." (Ler Lc 23,33-48)

Reflexão Bíblica

O nome do lugar da execução de Jesus é, em aramaico, Gólgota. Calvário é o termo em latim para Gólgota (que quer dizer caveira). São Lucas prefere a expressão "Crânio", que provavelmente fazia referência a uma característica geográfica do local.

Jesus foi crucificado entre dois criminosos, culpados do mesmo crime: resistência ao poder romano. Dos dois crucificados com Jesus, somente um reconheceu a realeza de Jesus, ele sabia que o gênero de "delito" de Jesus era completamente diferente do seu, pois Jesus não era violento. O episódio do "bom ladrão" é narrado somente em Lucas; o evangelista enfatiza assim, com clareza, a Misericórdia de Deus e sua Realeza autêntica.

A primeira palavra de Jesus na cruz foi o pedido de perdão para aqueles que "não sabem o que fazem": os que levaram Jesus à morte agiram por ignorância. Essa palavra foi repetida

O Rosário - a Bíblia do povo

por Estêvão, o primeiro mártir da Igreja, e se tornará a marca do sofredor cristão inocente.

O salmo 22, que permeia a narrativa da Paixão, alude ao sofrimento do Justo. E também faz referência à divisão que os soldados fizeram sobre as vestes de Jesus. Isso está de acordo com o costume romano, que prescrevia que as vestes do justiçado cabiam ao pelotão de execução.

Durante a crucificação de Jesus, três zombarias são proferidas contra Ele, partindo dos chefes (lideranças judaicas), dos soldados e de um dos crucificados. Elas questionavam a autoridade de Jesus: o chamavam de "Eleito", "Rei", "Cristo".

Os soldados ainda ofereciam vinagre para Ele matar sua sede. Era um vinho azedo, uma bebida ordinária que nunca poderia ser oferecida a um rei. Alguns historiadores consideram isso um ato de bondade dos soldados aos crucificados, pois eles ofereciam vinagre misturado com mirra, que era uma bebida alucinante e anestesiante. Todavia, essa prática acontecia no início da crucifixão e não no ponto máximo (como foi no caso de Jesus).

INRI – acrônimo da frase em latim: *Iesus Nazarenus Rex Iudaeorum* (Jesus Nazareno Rei dos Judeus). Essa inscrição, que acusava Jesus, foi colocada sobre a cruz e foi escrita em latim, grego e hebraico.

Os Evangelhos Sinóticos apresentam a morte de Jesus como um acontecimento cósmico e litúrgico. Na hora sexta e na hora nona, respectivamente, meio-dia e três horas da tarde, o dia se transformou em trevas, faltou a luz de Jesus. "O véu do Santuário rasgou-se ao meio", esse véu separava, no Templo, um lugar reservado somente à entrada do Sumo Sacerdote, apenas uma vez por ano, no dia de Yom Kippur (Dia do Perdão). Isso significa que agora o acesso à presença de Deus será por Jesus.

Jesus morreu orando o salmo 31, em aceitação plena da Vontade do Pai. E sua morte dá início à Igreja dos pagãos: o centurião (comandante do pelotão de execução) glorifica a Deus e uma multidão bate no peito (um ritual de luto e arrependimento).

Reflexão Teológica

Jesus recebeu a pena da crucifixão, reservada aos criminosos violentos não romanos. Ao ser pendurado no madeiro, praticamente nu, experimentou, ainda mais, a dor e a humilhação. Esse sofrimento poderia durar dias. A crucificação era uma punição que Roma reservava quase exclusivamente para crime de rebelião ou motim. E Jesus não foi condenado por rebelião ou motim.

As modalidades da execução da sentença de morte foram as romanas, não as hebraicas. O nervo médio foi perfurado por um cravo. Imagine a dor que o prego poderia causar! Também a posição do corpo sobre a cruz foi cuidadosamente pensada de tal forma que a respiração fosse mais difícil.

Perto do fim, um criminoso junto a Ele zombou dele, dizendo: "Se és o Cristo, salva-te a ti mesmo e a nós outros". Pouco sabia esse pecador que o homem a quem se dirigia foi crucificado ali voluntariamente. Estava falando ao nosso salvador, capaz de desencadear todo o poder do universo e, mais ainda, salvar facilmente a si mesmo.

Jesus permaneceu em sua agonia e vergonha, não porque era impotente, mas por seu incrível amor pela humanidade. Quando chegava ao local de execução, o condenado era despido e açoitado. Era, então, amarrado, com os braços abertos, na trave que se apoiava nos ombros (em casos mais raros, fala-se também que era pregado a essa trave) e, em seguida, era colocado no poste vertical já preparado.

O Rosário - a Bíblia do povo

O crucificado era colocado na cruz com cordas ou pregos, que eventualmente eram quatro. Os criminosos eram sempre amarrados com cordas nos braços, nas pernas e na cintura. De fato, os pregos não conseguiriam aguentar o peso do corpo e as cordas impediriam o condenado de escorregar para baixo.

Para a lei romana, Jesus foi crucificado por traição e rebelião, conforme a acusação feita pelos judeus (Lc 23,2-5; Jo 19,12). A crucificação como pena judiciária foi abolida pelo primeiro imperador cristão, Constantino (306-337). A partir desse momento, começou a mostrar a cruz na arte, visto que não se faziam mais associações negativas.

Jesus sobreviveu por horas agonizando na cruz. Então, Marcos (15,33-34) narra: "Ao meio-dia começou a escurecer, e toda a terra ficou três horas na escuridão. Às três horas da tarde, Jesus gritou bem alto: "Eloí, Eloí, lemá sabactani?" Essas palavras querem dizer: "Meu Deus, meu Deus, por que me abandonaste?" Alguém molhou a esponja em vinho e, com um bastão, deu para Jesus beber. Jesus deu um grito forte e morreu. Para eliminar qualquer dúvida de que Jesus estava morto, um soldado lhe furou o lado com uma lança, atingindo a região do coração. "Imediatamente sai sangue e água" (Jo 19,34).

Era o fim da tarde de sexta-feira, dia 14 de *nisã* (nome dado ao primeiro mês de 30 dias do calendário judaico religioso – sétimo mês do calendário civil –, que se inicia com a primeira lua nova). A tarde de sexta-feira também é conhecida como "Preparação"; é o dia em que as pessoas preparam refeições e terminam de realizar tarefas que não podem ficar para depois de sábado. O sábado, dia 15 de nisã, começa com o pôr do sol de sexta-feira, o dia 14. Jesus havia morrido, mas os dois ladrões ainda estão vivos. Segundo a Lei, um corpo não devia "ficar a noite toda no madeiro", devia ser enterrado no mesmo dia (Dt 21,22-23).

Naquele momento da morte de Jesus estava um homem rico da cidade de Arimateia. Seu nome era José, era membro bem-conceituado do Sinédrio. Ele presenciou a execução (cf. Mt 27,57). É descrito como "um homem bom e justo", que "aguarda o Reino de Deus". Na verdade, ele era um discípulo secreto de Jesus, pois tinha medo dos judeus; ele não apoiou a decisão do tribunal no julgamento de Jesus. José criou coragem e pediu a Pilatos o corpo de Jesus. Pilatos chamou o oficial do exército, que confirmou que Jesus estava morto. Então Pilatos atendeu ao pedido de José.

Cristo, ao ser morto, não somente desceu à mansão dos mortos, como professamos, mas vivenciou esse estado dos mortos. Na mansão dos mortos, Cristo fez basicamente duas experiências: a solidão absoluta e a solidariedade. Ele mediu a profundidade desse abismo. Na mansão dos mortos, Ele fez a experiência que alguns teólogos chamam de "segunda morte": a experiência do pecado enquanto pecado. A "segunda morte" é ser com a morte que faz com que os mortos sejam realmente mortos. É contemplar a própria morte. Na mansão dos mortos, ele estabelece um confronto real com a morte. E esse é o último momento da missão redentora que recebera do Pai. E a exerce na obediência extrema e na responsabilidade que lhe é peculiar; trata-se da obediência do Cristo morto: é "a única obediência de cadáver (expressão originária de Francisco de Assis) teologicamente existente". Entretanto, a morte por obediência livre e responsável transforma o "cárcere em um caminho", como afirma São Gregório Magno. Dessa forma, a salvação é ofertada a todos.

O Rosário - a Bíblia do povo

Reflexão Pastoral

É assim que se ama! "Ninguém tem amor maior do que aquele que dá a vida por seus amigos" (Jo 15,13). "O sofrimento também é uma realidade aberta para a evangelização. Por meio do sofrimento, digam com São Paulo: "Completo, na minha carne, o que falta às tribulações de Cristo em favor de seu Corpo, que é a Igreja" (Cl 1,24). Por isso, tendo como referência o mistério do sofrimento de Cristo, realizem sua vocação de ser fonte de amor, luz e força para a Igreja e para a humanidade" (CNBB 105, n. 192).

Ao contemplarmos este mistério, peçamos ao Senhor, por intercessão de Maria, que saibamos dar a vida e entender que "não podemos querer um Cristo sem carne e sem cruz. Não se trata de fugir das realidades temporais para encontrar a Deus, mas de encontrá-lo ali, em seu trabalho, perseverante e ativo, iluminados pela fé" (CNBB 105, n. 184).

Quarta Contemplação

Mistérios Gloriosos

(quartas-feiras e domingos)

Quarta Contemplação

Mistérios Gloriosos

(martes-feiras e domingos)

1º Mistério

A ressurreição de Jesus

"Não tenhais medo! Sei que estais procurando Jesus, o crucificado. Não está aqui. Ressuscitou, como havia dito!"
(Ler Mt 28,1-8)

Reflexão Bíblica

"Depois do sábado" – visto que o sábado era o dia do repouso, no domingo, o primeiro dia da semana, Maria Madalena e a outra Maria, essa identificada nos outros evangelhos como a mãe de Tiago, foram ver o sepulcro. O sepulcro onde fora colocado o corpo de Jesus fora selado com uma grande pedra. Aqui cabe a pergunta: o que essas mulheres foram fazer lá? Independentemente da resposta, elas foram premiadas por sua fé e coragem.

"Houve grande terremoto", já é o segundo, pois quando Jesus morreu "a terra tremeu e as rochas se fenderam" (Mt 27,51). Um "Anjo do Senhor" representa uma forma do próprio Deus se manifestar. Aparência de "relâmpago" é uma característica dos seres celestiais. E "vestes alvas como a neve" era a forma como os antigos costumavam representar a glória. Todas essas imagens

O Rosário - a Bíblia do povo

representam uma epifania, ou seja, uma manifestação do próprio Deus.

O Anjo removeu a pedra, o que simboliza que Jesus não ficará preso ao poder da morte, e as mulheres puderam testemunhar o sepulcro vazio. Ninguém testemunhou a Ressurreição de Jesus, ou seja, Ele ressuscitando. Todos os evangelistas narram apenas o sepulcro vazio e as aparições do Senhor Ressuscitado.

O túmulo vazio era a certeza de que Jesus não estava morto. E o Anjo recordou às mulheres que o Próprio Jesus havia dito que ressuscitaria. Em Mateus 17,22s está registrado esta fala de Jesus: "O Filho do Homem será entregue às mãos dos homens e eles o matarão, mas no terceiro dia ressuscitará". E ainda mais referências em Mateus 12,40; 16,21; 17,9; 26,32.

Diante da Epifania – manifestação de Deus – os soldados tremeram de medo e ficaram como mortos; as mulheres também temeram. Essas reações são devido à experiência de algo totalmente novo, algo que ultrapassava o horizonte de suas experiências; o salto de qualidade de vida – a ressurreição.

"Depressa" é o imperativo da mensagem do Anjo, depressa é como as mulheres seguiram a missão. Com medo, e, ao mesmo tempo, com grande alegria, foram dizer aos discípulos o que o anjo ordenou.

A urgência dizia respeito ao recomeço: sair de Jerusalém (lugar da rejeição) e ir à Galileia (lugar dos excluídos, mas também da Revelação). O Senhor os "precederá", ou seja, irá à frente, como líder, mestre e Senhor.

Reflexão Teológica

Na madrugada de domingo, Maria Madalena, Maria, mãe de Tiago, e outras mulheres foram ao túmulo passar aromas no corpo de Jesus. A dúvida era sobre quem rolaria a pedra que estava na entrada do sepulcro (cf. Mc 16,3), uma vez que não tinham força suficiente para tal. Mas ocorreu um terremoto. E o anjo de Deus tirou a pedra da entrada do túmulo, os soldados caíram no chão, cheios de medo. Quando algumas mulheres chegaram para ungir o corpo de Jesus, encontraram o túmulo vazio e o anjo lhes disse: "Não tenhais medo; pois eu sei que buscais a Jesus, que foi crucificado. Ele não está aqui, porque já ressuscitou, como havia dito. Vinde, vede o lugar onde o Senhor jazia" (cf. Mc 16,6-7).

Não ter medo é um imperativo para o cristão. Em diversas ocasiões Jesus alerta os discípulos para que não tivessem medo. Dessa vez, é o anjo que ordena às mulheres. As características físicas reproduzidas pelo medo preparam o corpo para duas prováveis reações naturais: o confronto ou a fuga. Nem o confronto nem a fuga seriam alternativas adequadas diante daquele fato. Elas permaneceram ouvindo o anjo, que prosseguiu, com um novo imperativo: "Ide, pois, imediatamente, e dizei aos seus discípulos que já ressuscitou dentre os mortos. E eis que ele vai adiante de vós para a Galileia; ali o vereis. Eis que eu vo-lo tenho dito".

Depois de ouvirem o anjo, as mulheres saíram correndo alegres, porém com temor. Há uma diferença substancial entre medo e temor. O termo "medo" provém do grego *phobos* (de onde vem a expressão "fobia") e significa "pânico", "susto", "medo". A palavra "temor" provém do grego *sebonai*, que significa reverenciar, respeito. Dessa forma, diante da divindade, o homem deve demonstrar temor e não medo, isto é, respeito e reverência.

Com temor e grande alegria, as mulheres correram para dizer aos discípulos o que tinham experimentado. No caminho, encontraram o Senhor. E correram para abraçá-lo.

O Rosário - a Bíblia do povo

O Evangelista Mateus nos diz que as mulheres abraçaram os seus pés e o adoraram (cf. Mt 28,9). Já o evangelista João diz que Jesus reage e lhes diz: "Não me retenhas, porque ainda não subi para Meu Pai" (Jo 20,17). Um pouco mais adiante, frente à incredulidade de Tomé, o Ressuscitado é categórico: "Põe aqui o teu dedo, e vê as minhas mãos; e chega a tua mão, e põe-na no meu lado; e não sejas incrédulo, mas crente" (Jo 20,27).

Pela atitude de Maria podemos inferir que seu objetivo era abraçar Jesus, com intenção de detê-lo, como se ela dissesse: "Senhor, nunca mais nos abandone!" Mas a repreensão de Jesus a fez entender que ele deveria seguir seu caminho! O Ressuscitado é livre; não é pertença individual. Ele aguardaria os discípulos na Galileia.

Naquele mesmo dia apareceu aos discípulos. Entre eles, está Tomé que, pragmático, não acreditava em discursos que não fossem comprovados. A ele, especificamente, Jesus pediu para tocá-lo. Maria Madalena não precisou do toque para crer; ela conseguiu ir além dos sinais e da lógica. Tomé fez um caminho mais demorado e cauteloso. Após tocar as mãos e o lado do Ressuscitado, chegou à conclusão que cada fiel deveria chegar, independentemente do caminho percorrido: "Senhor meu e Deus meu!" (Jo 20,28).

No tempo de Jesus, a ressurreição era uma doutrina muito divulgada e aceita entre os judeus. Somente os saduceus achavam que a vida acabava com a morte (cf. Mc 12,18; At 23,6-8). Contra os saduceus, Jesus ensinou que Deus é o Deus dos vivos e não dos mortos (cf. Mc 12,18-27; Mt 10,28).

Portanto, segundo os textos bíblicos, o Ressuscitado apareceu a Madalena (Jo 20,19-23); aos discípulos de Emaús (Lc 24,13-25), aos Apóstolos no Cenáculo, com

Tomé ausente (Jo 20,19-23); e depois, com Tomé presente (Jo 20,24-29); no Lago de Genesaré (Jo 21,1-24); no Monte na Galileia (Mt 28,16-20); segundo São Paulo "apareceu a mais de quinhentas pessoas" (1Cor 15,6) e a Tiago (1Cor 15,7). Por isso se conclui que a ressurreição de Jesus é um fato histórico inegável. A partir do acontecimento da manhã do Domingo de Páscoa, a descoberta do sepulcro vazio (cf. Mc 16,1-8), encontra-se a base de toda a ação e pregação dos Apóstolos, e foi muito bem registrada por eles. São João afirma: "O que vimos, ouvimos e as nossas mãos apalparam isto atestamos" (1Jo 1,1-2).

Reflexão Pastoral

"Vós não precisais ter medo! Sei que procurais Jesus, que foi crucificado. Ele não está aqui! Ressuscitou como havia dito!" (Mt 28,5-6).

Ao contemplarmos este mistério, peçamos ao Senhor, por intercessão de Maria, "que todos os membros da Igreja e os que nela se inserem, ou a ela retornam, encontrem o Cristo Ressuscitado, façam verdadeira experiência do amor de Deus e se tornem autênticos discípulos missionários do Evangelho de Cristo" (CNBB 105, n. 107).

2º Mistério

A ascensão de Jesus aos céus

"Enquanto Jesus os abençoava, separou-se deles e foi elevado ao céu." (Ler Lc 24, 50-52)

Reflexão Bíblica

São Lucas termina seu Evangelho com a volta de Jesus para o Pai: a Ascenção! Significa que Jesus Ressuscitado está agora na vida de Deus.

Depois de ter dado as últimas instruções aos apóstolos, Jesus levou-os até Betânia (Al Eizariya – "lugar de Lázaro", também com outros significados, como "casa dos pobres" e "casa dos figos"), uma aldeia antiga da Judeia, atual Cisjordânia, onde se encontra a tumba de Lázaro. Essa aldeia se encontra a 3 km da cidade velha de Jerusalém e do Monte das Oliveiras, e é um lugar onde Jesus permaneceu diversas vezes.

De Betânia, o Senhor ergueu as mãos e abençoou os apóstolos. Esse foi seu último gesto de acordo com esse Evangelho. Depois disso, Jesus entrou na plenitude de sua Páscoa, no mistério de Deus, e seus discípulos ficaram envoltos em sua bênção. O gesto de abençoar é uma prática

O Rosário - a Bíblia do povo

presente em várias culturas, como o melhor desejo que se pode despertar para com os outros.

No Livro do Levítico, quando da inauguração do culto, a prática sacerdotal assim se configura: "Aarão levantou suas mãos em direção ao povo e o abençoou. Havendo realizado o sacrifício pelo pecado... entrou na Tenda da Reunião... a Glória do Senhor apareceu a todo o povo... Diante do que via, todo o povo soltou brados de júbilo e todos prostraram-se com a face por terra" (Lv 9,22-24). É exatamente assim que Jesus se mostra como sumo sacerdote, que derramou seu Sangue (sacrifício pelo pecado) e entrou no Santuário da comunhão definitiva com Deus. Sua bênção é plena e eficaz, uma vez que decorre da entrega de sua vida por amor.

A imagem própria do tempo era de que Deus habitasse no céu, além das nuvens, São Lucas descreveu Jesus sendo levado para o céu, como um triunfo da ressurreição. A ascensão não significa essa viagem para uma zona distante, mas a proximidade permanente, que agora seus discípulos poderão experimentar.

São Lucas enfatizou que os discípulos, envolvidos na bênção, prostraram-se em sinal de adoração ao Senhor e, além disso, ficaram cheios de alegria, e, ainda mais, colocaram-se em missão. E, tudo isso, quando o Senhor estava se afastando definitivamente deles. O abandono não é um sentimento que vigora, uma vez que "ausência" não é a palavra que resume o afastamento do Senhor, e sim a certeza de uma nova experiência de Presença.

O gesto de prostrar-se diante de Jesus é usado pela primeira vez no Evangelho como reverência a Jesus; antes essa reverência era reservada somente a Deus Pai, o que se conclui que a ressurreição revelou a Divindade de Jesus.

Reflexão Teológica

Durante quarenta dias, após a ressurreição, Jesus esteve com os discípulos. Com eles, comeu, bebeu e continuou a instruí-los sobre o Reino de Deus e os enviou para pregarem o Evangelho a todos os povos. Depois desses quarenta dias, as Escrituras deixam claro que Jesus retornou ao céu. Trata-se de um retorno literal e corpóreo. Ele subiu do chão de forma gradual e visível, observado por muitos espectadores atentos. Enquanto os discípulos se esforçavam para ter um último vislumbre de Jesus, uma nuvem o encobriu da vista, e dois anjos apareceram e prometeram a volta de Cristo "da mesma forma como o viram subir" (At 1,11).

A ascensão de Jesus aconteceu no Monte das Oliveiras, nos arredores de Betânia, que ficava perto de Jerusalém. Ele tinha acabado de comer com seus discípulos e os avisou que deveriam esperar em Jerusalém até serem batizados com o Espírito Santo.

Ele subiu ao céu e está sentado à direita do Pai. O que isso significa? Deus é Espírito e, portanto, não tem mão direita ou esquerda, não tem partes físicas. Trata-se aqui de mais uma metáfora que foi buscada na corte real. É uma linguagem figurativa que faz referência ao cerimonial antigo dos regimes régios orientais, que Israel adotou.

O lugar do rei era acima do povo, em um trono especial e inacessível. O rei podia, no entanto, elevar alguém à sua altura e conferir-lhe dignidade nova. Seu ministro principal se assentava ou permanecia em pé à sua direita. Também os seus sucessores se assentavam à sua direita, o que significava que participavam já, de algum modo, de seu poder. O uso da imagem "sentado à direita de Deus" finca suas raízes na experiência da realeza em Israel e faz eco ao Sl 110,1, o mais citado no Novo Testamento: "Senta-te à minha direita, até que eu ponha teus inimigos como estrado de teus pés".

O Rosário - a Bíblia do povo

Os reis se agradavam de seus favoritos ao colocá-los próximos de si mesmos, e ao deixá-los à mão direita. Salomão mandou colocar uma cadeira para sua mãe, e ela se assentou à sua mão direita (1Rs 2,19). De forma semelhante, Cristo ao se assentar à direita de Deus, significa que está no lugar próximo a Deus, o Pai, em dignidade e em honra.

Estar à direita do Pai é uma posição de honra e autoridade (Sl 110,1; Ef 1,20; Hb 8,1). A ascensão de Cristo foi o evento que transitou Jesus de seu ministério terreno ao seu ministério celestial. A ascensão sinaliza o fim do ministério terreno de Jesus. Ele retorna vitorioso, porque venceu a morte. Estabelece, ao mesmo tempo, um procedimento para seu retorno.

Reflexão Pastoral

O Senhor Jesus, prometeu: "Recebereis o poder do Espírito Santo que virá sobre vós, para serdes minhas testemunhas em Jerusalém, por toda a Judeia e Samaria, e até os confins da terra" (At 1,8), foi elevado ao céu!

Ao contemplarmos este mistério, peçamos ao Senhor, por intercessão de Maria, que sejamos corajosas testemunhas do Reino de Deus "na família, no mundo do trabalho, da política, da economia, da cultura, das ciências e das artes, em todos os âmbitos de atividade humana, no campo, na cidade, em todo o planeta" (CNBB 105, n. 6; EN, n. 70).

3º Mistério

A descida do Espírito Santo sobre os Apóstolos

"Todos ficaram cheios do Espírito Santo e começaram a falar em outras línguas, conforme o Espírito concedia a eles se expressarem."
(Ler At 2,1-12)

Reflexão Bíblica

Páscoa (passagem) e Pentecostes (cinquenta) eram festas agrícolas muito antigas em Israel. Elas celebravam, respectivamente, a passagem do tempo do plantio ao tempo da colheita, e o tempo da colheita dos primeiros frutos (cinquenta dias depois da Páscoa). Com o passar do tempo, foram transformadas em festas religiosas: Páscoa revivia a saída do Egito e Pentecostes recordava o dia em que Moisés, no Monte Sinai, recebeu a Lei (Decálogo – Dez Mandamentos).

Com o advento do cristianismo, essas festas ganharam ainda novo sentido, a Páscoa passou a representar o sacrifício de Jesus, configurado como novo Êxodo, não mais do Egito para a Terra Prometida (Canaã), mas da escravidão do pecado para a libertação. E Pentecostes passou a ser o

O Rosário - a Bíblia do povo

dia das primícias da Igreja de Cristo, o começo da grande colheita de almas que viriam a conhecer a Cristo.

"Todos estavam reunidos no mesmo lugar." "Todos" são os seguidores de Jesus da Igreja nascente: os apóstolos, os discípulos (mais ou menos cento e vinte pessoas de acordo com Atos 1,15) e as mulheres, "entre as quais Maria, a mãe de Jesus". O "lugar" é o mesmo: a sala em que Jesus celebrou sua última Ceia e a Primeira Eucaristia – o Cenáculo.

Do céu (de Deus), vem um vento impetuoso. Desde o Antigo Testamento os judeus associavam o vento com o Espírito de Deus; a palavra "ruah" representa, ao mesmo tempo, "Espírito" e "Sopro". O Espírito se manifesta, simbolicamente, por meio de línguas de fogo. A língua é instrumento de comunicação, de fala, e dá origem à linguagem do ser humano e o fogo, frequentemente, indica, na Bíblia, a presença de Deus (Sarça Ardente, Coluna de Fogo, Elias no Monte Carmelo...). Ruído, vento e fogo são típicos das manifestações de Deus – Epifania. E representam que Deus está agindo.

A festa de Pentecostes era uma das três maiores festas de Jerusalém (as outras duas eram a da Páscoa e a dos Tabernáculos) e grande número de judeus, que vivia fora de Jerusalém, vinha em peregrinação para essa cidade. Por isso, pessoas de "todas as nações debaixo do céu" aí se encontravam.

A linguagem divina que se manifesta em Pentecostes é inteligível a todos e as reações são diversas: espantados, atônitos, maravilhados, pasmados, perplexos. São Lucas representa aí o contrário do episódio da Torre de Babel. Lá acontece a dispersão dos povos pelas línguas diferentes, aqui todos se reúnem novamente, porque compreendem a linguagem divina e reúnem-se pelo mesmo Espírito.

Reflexão Teológica

Antes de subir ao céu, Jesus explicou por que tinha de ir embora. O Espírito Santo somente viria depois de sua ascensão (Jo 16,7-8). Jesus ensinou muitas coisas durante seu ministério na terra, mas o Espírito Santo iria capacitar os discípulos a entendê-las.

O Espírito Santo foi enviado cinquenta dias após a Páscoa. Daí o nome de Pentecostes, que é uma palavra grega que significa *"quinquagésimo"*. A Sagrada Escritura dá outros nomes ao Pentecostes: a Festa das Semanas – porque acontecia em sete semanas (50 dias são sete semanas) depois da Páscoa (cf. Lv 23,15-16) e a Festa da Colheita dos Primeiros Frutos, porque celebrava o início da colheita desse ano (Nm 28,26).

A festa de Pentecostes servia para agradecer a Deus a comida e a colheita que Ele providenciava. Acontecia no fim da primeira colheita do ano, e os judeus se juntavam para oferecer uma porção da colheita a Deus. O Pentecostes era uma grande celebração, da qual todos os judeus deviam participar em Jerusalém.

O Pentecostes também se tornou uma celebração da Lei de Deus. Algumas semanas depois da primeira Páscoa, quando os israelitas saíram do Egito, eles chegaram ao monte Sinai, onde Deus deu a Moisés os Dez Mandamentos e a Torá.

No tempo de Jesus muitos judeus moravam em outros países, mas eles visitavam Jerusalém para celebrar o Pentecostes (cf. At 2,5). Depois que Jesus morreu e ressuscitou, seus discípulos ficaram em Jerusalém, reunidos em um mesmo lugar. "De repente veio do céu um som, como de um vento muito forte, e encheu toda a casa na qual estavam assentados. E viram o que parecia línguas de fogo, que se separaram e pousaram sobre cada um deles. Todos fica-

O Rosário - a Bíblia do povo

ram cheios do Espírito Santo e começaram a falar em outras línguas, conforme o Espírito os capacitava" (At 2,1-4).

Sinal similar ocorreu na casa de Cornélio, um oficial romano. Antes disso, o Apóstolo Pedro teve uma visão de que não deveriam ser recusados aqueles a quem Deus purificasse, independentemente da origem. Esse sinal se mostra com propósito inverso ao ocorrido na construção da torre de Babel. Pentecostes foi o oposto da Torre de Babel; ali, por orgulho, os homens se desentenderam, falando línguas diferentes. Em Pentecostes, falando em uma mesma língua, todos os povos presentes em Jerusalém compreendiam os Apóstolos. A torre de Babel mostrou-nos como as línguas dividem e confundem; Pentecostes nos mostra como as línguas unem e convergem para uma compreensão única do mistério. Esse é um dos dons oferecidos pelo Espírito Santo. O Pentecostes foi quando soprou o Espírito Santo sobre os discípulos no cenáculo. Também marcou o início da expansão da Igreja, que continua até hoje.

Cristo prometeu essa efusão do Espírito, promessa que realizou no dia de Pentecostes: "Vós sereis batizados no Espírito Santo". Repletos do Espírito Santo, os Apóstolos começaram a proclamar "as maravilhas de Deus" (At 2,11), e Pedro começou a declarar que essa efusão do Espírito é o sinal dos tempos messiânicos. Desde então, os Apóstolos comunicaram aos novos cristãos, pela imposição das mãos, o dom do Espírito que leva a graça do Batismo a sua consumação.

Agora, com Pentecostes, a Igreja é manifestada ao mundo. Mediante a pregação inicia-se a difusão do Evangelho. Naquela manhã, Pedro fez seu discurso e o número dos adeptos cresceu para mais ou menos três mil. Eles perseveravam na doutrina dos Apóstolos, na reunião em comum, na fração do pão e nas orações. Todos os fiéis viviam unidos e tinham tudo em comum (cf. At 2,41-44).

Reflexão Pastoral

"Perseverando junto aos apóstolos à espera do Espírito, Maria cooperou com o nascimento da Igreja missionária, imprimindo-lhe um selo mariano e maternal, que identifica profundamente a Igreja de Cristo" (CNBB 105, n. 113).

Ao contemplarmos este mistério, peçamos ao Senhor, por intercessão de Maria, que estava em Pentecostes, que sejamos abertos e dispostos a viver como nos ensinam nossos bispos: "Por meio dos carismas, serviços e ministérios, o Espírito Santo capacita a todos na Igreja para o bem comum, a missão evangelizadora e a transformação social, em vista do Reino de Deus" (CNBB 105, n. 152).

4º Mistério

A assunção de Maria Santíssima ao Céu

"Daqui em diante todas as gerações proclamarão que sou feliz!" (Ler Lc 1,46-55)

Reflexão Bíblica

O salmo de Maria, chamado *Magnificat*, por causa da primeira palavra na tradução latina (engrandece), é um mosaico de citações e alusões veterotestamentárias (relativas ao Antigo Testamento) que interpretam a vinda de Jesus. O Magnificat se inspira fortemente no Cântico de Ana (1Sm 2,1-10), mãe do profeta Samuel, depois que Deus a livrou da humilhação da esterilidade.

O *Magnificat* apresenta Maria como mulher toda de Deus e com consciência da história, da luta e da esperança de seu povo. O hino se apresenta pessoal nos três primeiros versículos, enquanto nos versículos seguintes se volta para os princípios pelos quais Deus age. O Cântico proclama, de forma profética, a ação transformadora de Deus nas relações sociais, políticas e religiosas.

O Rosário - a Bíblia do povo

No campo social, Deus transtorna a aristocracia, estabelecida sobre o poder que toca no âmbito econômico, no que diz respeito à produção e distribuição dos bens, começando com os níveis básicos de alimentação.

No campo político, Deus destrói os injustificáveis desníveis humanos. Maria afirma que o Senhor tira o poder daqueles que o utilizam para o mal e em benefício próprio e o restabelece aos despojados. Deus refaz o projeto de Salvação a partir dos fracos e humildes; os pobres de coração (em hebraico – *anawin*).

No campo religioso, Deus derruba as autossuficiências humanas, confunde os planos dos soberbos, que são aqueles que se ostentam a si mesmos e se reconhecem com grande crédito diante do Senhor e, munidos de tal arrogância, desprezam os outros.

Embora o hino utilize termos em contraposição, não defende uma mera troca de papéis: quem está em cima passaria para baixo e vice-versa. O Senhor Deus é misericordioso e manifesta seus "segredos" gratuitamente e sem distinção. Os pequenos compreendem o Reino de Deus, pois saem do nível do saber arrogante e autossuficiente e se colocam como aprendizes, discípulos.

A ideia de Israel como servo de Deus é muito frequente no Livro de Isaías e remete ao papel designado por Deus a ele no que diz respeito ao serviço e à revelação do Senhor aos povos.

Os estudiosos são unânimes em afirmar que o *Magnificat* não foi composto por Maria. Todavia, São Lucas atribuiu esse hino a ela porque ela representava, em sua prática de vida, os sentimentos e atitudes de compromisso, esperança e confiança no projeto de Deus. Maria é discípula fiel, em relação a Deus, e solidária em relação ao próximo. São Lucas coloca Maria, por meio deste texto profético, como porta-voz dos discípulos cristãos, daqueles que anseiam por libertação: os oprimidos, os pobres, os aflitos, as viúvas, os órfãos.

Maria deixou de ser uma moça hebreia pobre e desconhecida para se tornar a mulher mais honrada da história: sua elevação – Assunção!

Reflexão Teológica

A Assunção difere da Ascensão de Nosso Senhor no fato de que, no segundo caso, Nosso Senhor subiu por seu próprio poder, enquanto sua Mãe foi assunta ao céu pelo poder de Deus. A Assunção de Maria significa que, depois da morte da Mãe de Jesus, ela foi ressuscitada, glorificada e levada corporalmente ao céu. Trata-se de uma verdade de fé, proclamada como dogma, ou seja, uma verdade doutrinal, que se relaciona com o mistério da nossa salvação. Tanto a Igreja do Oriente como a do Ocidente chamavam a Assunção de Maria de "Dormição". Foi o papa Pio XII, em 1950, que estabeleceu, como dogma, essa verdade denominando-a de "Assunção de Maria". Isto é, reconheceu oficialmente que Deus glorificou a Mãe de Jesus por todos os méritos realizados em prol de nossa salvação.

A Assunção de Maria é uma participação especial na Ressurreição de Jesus e uma antecipação da ressurreição dos outros cristãos. Com ela aconteceu o que se dará com todos os fiéis no fim dos tempos, por ocasião da Parúsia e do Juízo Final.

Encontramos na Sagrada Escritura alguns exemplos de pessoas que foram levadas ao céu. Moisés, apesar de morto (Jd 1,9), Henoc, que "pela fé, foi levado, a fim de escapar à morte e não foi mais encontrado, porque Deus o levara..." (Hb 11,5), Elias que subiu em um carro de fogo, e foi arrebatado por Deus, em corpo e alma (2Rs 1,11). São Paulo nos afirma que "Cristo ressuscitou dentre os mortos como pri-

MISTÉRIOS GLORIOSOS

O Rosário - a Bíblia do povo

mícias dos que morreram" (1Cor 15,20) e que "assim como em Adão todos morreram, assim em Cristo, todos reviverão, cada qual porém em sua ordem; como primícias Cristo e, em seguida, os que forem de Cristo, na ocasião de sua vinda" (1Cor 15,22-23).

Esses fatos relatados pela Sagrada Escritura nos confirmam que a Virgem Maria poderia ter sorte semelhante. Para Santo Irineu de Lyon († 202 d.C.), como a nova Eva, Maria participou da sorte do novo Adão, Jesus Cristo, ressuscitou depois da morte, seu corpo não experimentou a corrupção.

São Paulo afirma que cada um ressurgirá "cada qual, porém, em sua ordem" (1Cor 15,23), dando a entender que uns podem ressurgir primeiro que outros. Isso, de fato, aconteceu com alguns Santos, como nos relata o Evangelho, logo após a morte do Senhor.

Ele ainda continua: "Eis que vos revelo um mistério: nem todos morreremos, mas todos seremos transformados" (1Cor 15,51). Em outras palavras: nada nos impede de acreditar na Assunção de Maria, visto que "nem todos morreremos, mas todos seremos transformados" (1Cor 15,51). Nossa Senhora pode, sem dúvida, ter sido levada em corpo e alma sim, como nos atestam os cristãos, desde os primeiros séculos. Essa fonte, a experiência dos cristãos dos primeiros séculos, sustenta a verdade de fé.

Na verdade, a crença na Assunção é a crença na Divindade de Cristo, pois, se Deus se encarnou no seio da Virgem e tomou sua carne (Jo 1,14), não permitiria que sua própria carne glorificada, que não viu a corrupção (At 2,27.31), e está no céu sentada à direita do Pai (At 2,30.34; 7,55-56), se corrompesse no túmulo, em sua Mãe.

Diante disso conclui-se que, se Maria morreu de causas naturais, na verdade, isso foi um adormecimento. Não há relato bíblico ou outra fonte sobre sua morte. O que há, de fato, é uma fé, desde os primórdios, de que ela fora levada ao céu de corpo e alma, antecipando o que se dará com todos. Ela que foi preservada da culpa de Adão (Lc 1,28) pelos méritos da paixão de seu Filho e em virtude do mistério de sua encarnação (Lc 1,35).

A Assunção de Nossa Senhora foi transmitida pela tradição escrita e oral da Igreja. Ela não se encontra explicitamente na Sagrada Escritura, mas está implícita. São João Damasceno, um dos doutores da Igreja Oriental, refere que os fiéis de Jerusalém, ao terem notícia do falecimento de sua Mãe querida, como a chamavam, vieram em multidão prestar-lhe as últimas homenagens e que logo se multiplicaram os milagres ao redor da relíquia sagrada de seu corpo.

Assunção significa ser elevada. Maria foi elevada ao céu, ela é humana, não divina, é o primeiro ser humano renovado por Cristo, a entrar no céu de corpo e alma após a Ressurreição do Senhor e antes do juízo final. Somos remidos pelo sangue de Jesus e ele herdou esse sangue de Maria, já que ele era Deus e assumiu a carne e o sangue dela, era necessário que ela fosse pura, livre de pecado, sendo assim, também não poderia padecer nas mãos da morte, como Ele não padeceu.

Reflexão Pastoral

Maria, humilde servidora, que disse e assumiu o "Sim" ao Projeto de Deus com todas as consequências, tendo cumprido sua missão neste mundo, foi elevada ao céu, ao "seio da Santíssima Trindade".

Ao contemplarmos este mistério, peçamos ao Senhor, por intercessão de Maria, que possamos também assumir o nosso "sim" ao chamado de Deus para a realização de

O Rosário - a Bíblia do povo

sua obra no mundo e, "pela fé, viver e realizar ações consequentes para a revelação e expansão do Reino de Deus na história" (CNBB 105, 133 'a').

5º Mistério

A Coroação de Nossa Senhora como Rainha do Céu e da Terra

"Um grande sinal apareceu no céu: uma Mulher vestida com o sol, tendo a lua sob os pés e uma coroa de doze estrelas na cabeça."
(Ler Ap 12,1-12a)

Reflexão Bíblica

A narrativa de Apocalipse 12 apresenta a luta entre o bem e o mal por meio da riqueza de simbolismo dos mitos do Antigo Oriente Próximo. Ela reflete um simbolismo modelar da mãe celeste e seu divino Filho, atacados pelo monstro malvado das águas do caos.

Nesse trecho bíblico, nós nos confrontamos com dois sinais: a mulher e o dragão. O sinal é uma pessoa ou um acontecimento que tem um significado maior que ele mesmo.

Uma mulher! Quem é ela? Esse sinal aponta para várias possibilidades: pode ser Eva, a mãe da humanidade; pode representar também o Israel da Antiga Aliança, visto pelos profetas como esposa do Senhor; ou, pode representar, ainda, Maria, a Mãe de Jesus, o Salvador. Todavia, a Mulher se torna

O Rosário - a Bíblia do povo

símbolo das comunidades cristãs que, nos tempos de tribulação (dores de parto), mantêm-se firmes e resistentes, dando luz ao projeto de Deus na história: vida em abundância!

Essa Mulher está no céu e vestida de sol, com a lua debaixo dos pés e uma coroa de doze estrelas. Ela está na morada de Deus, o céu! Sol, lua e estrelas são do céu e representam, de alguma forma, a presença de Deus, ou seja, essa Mulher está toda envolvida no esplendor de Deus. Sol e lua, dia e noite, o ciclo que simboliza a constância da proteção. Doze é um número perfeito para os judeus e representa o número das doze tribos, dos doze Apóstolos. A Mulher já recebeu de Deus a certeza da vitória, pois carrega uma coroa, é Rainha!

O dragão aparece! Ele simboliza a mentira, que gera e conserva a sociedade injusta. É "um bicho de sete cabeças", que arroga para si prerrogativas divinas, diademas e chifres, ou seja, reinados e poder. Intimida por seu poder de destruição, porém seu poder é imperfeito (dez chifres – dez é um número imperfeito e chifre representa força) e relativo (terça parte).

Nesse conflito, o Filho é arrebatado para seu Trono, e a Mulher é protegida por Deus no deserto, que, na Bíblia, é um lugar de proteção, onde se experimenta a intimidade de Deus, que nunca abandona. No deserto, a Mulher é alimentada por Deus por todo o tempo da perseguição (mil duzentos e sessenta dias – três anos e meio, metade de sete, tempo imperfeito).

Miguel, nome que significa "Quem é como Deus?", batalha contra o acusador, que queria usurpar o poder de Deus, e, juntamente ao exército celestial, sai vitorioso e expulsa o mal dos limites do céu. A terra agora será a base de operações do mal e sua ira se descarregará sobre os descendentes da Mulher, porém ela já é Rainha – a vitoriosa!

Reflexão Teológica

O título de "rainha" era aplicado às mães dos reis e não às esposas, que poderiam ser muitas. E é exatamente nisso que se fundamenta a tradição bimilenar dos cristãos de conceder à Virgem Maria os títulos de *"Senhora"* e *"Rainha"*. Se Jesus é o Rei profetizado e exaltado desde o Antigo Testamento, Maria é a Rainha Mãe, a figura maternal que aparece junto dos reis ao longo de quase toda a Sagrada Escritura.

A instituição da Rainha Mãe surge, pela primeira vez, na descendência da casa de Davi, nos reis que vieram após seu reinado. Depois da morte de Salomão, contam as Escrituras, houve uma divisão do povo de Deus: o reino do norte, que se separou e perdeu a descendência davídica, e o reino do sul, no qual permaneceu o reino de Judá.

Os 20 reis descendentes de Davi – que vieram após Salomão – sempre são lembrados com suas mães. Isso comprova a afirmação feita anteriormente: sim, a rainha mãe é uma instituição típica da Casa de Davi. Por terem muitas mulheres, era impossível àqueles reis escolherem somente uma das esposas para reinar ao lado deles. A saída acabava sendo reinar junto à mãe. Para isso, ela recebia o título de *gebirah*.

Essa designação aparece 13 vezes no Antigo Testamento em referência à rainha mãe. Isso não ocorria somente no reino de Davi. Também no Egito e em outros povos da região se verifica tal situação. Portanto, verifica-se a importância dessa figura para a história e para a compreensão das profecias sobre Jesus, o verdadeiro herdeiro do trono.

A narrativa bíblica sobre a entronização de Salomão evidencia a reverência do rei pela mãe, Betsabé, quando essa vem visitá-lo. Essa atitude de Salomão remete, imediatamente, ao Salmo 44: "posta-se à vossa direita a rainha, ornada

O Rosário - a Bíblia do povo

de ouro de Ofir". Essa rainha é a *gebirah*, a rainha mãe. Os hebreus mantiveram essa tradição até o exílio da Babilônia, quando não havia mais rei. A partir dessa época, começa-se a esperar a vinda do novo filho de Davi, o Messias.

Quando o Anjo Gabriel visita a Virgem Maria e lhe revela os planos de Deus, fala que Jesus herdará "o trono de seu pai Davi; e reinará eternamente na casa de Jacó". Ademais, saúda Maria, dizendo "Ave, cheia de Graça". Gabriel está saudando a Rainha Mãe, a Mãe do "Filho do Altíssimo", cujo "reino não terá fim". Do mesmo modo também diz Isabel, quando Maria chega a sua casa para ajudá-la: "Donde me vem esta honra de vir a mim a mãe de meu Senhor?" (Lc 1,43).

Tanto Jesus quanto Maria não tiveram uma vida de rei aqui na terra. O verdadeiro reinado de Cristo se dará apenas no céu, pois não pertence a este mundo. No apocalipse de São João se encontram alguns traços desse reinado. E é também nesse mesmo livro que a Virgem Maria surge mais uma vez como rainha, "uma Mulher revestida do sol, com a lua debaixo dos seus pés e na cabeça uma coroa de doze estrelas" (Ap 12,1). Uma Rainha Mãe!

As palavras do Livro do Apocalipse não falam de outra pessoa que não Maria. Ela pode, sim, simbolizar a Igreja triunfante ou a antiga cidade de Israel, todavia, é ela o primeiro personagem da narrativa, não os outros. Chamar Maria de "Senhora" e "Rainha" não significa, por outro lado, transformá-la em Deus. O senhorio de Maria é totalmente diverso do de seu Filho. Jesus é Adonai, Senhor no sentido de que Ele é Deus, absolutamente acima de todas as criaturas. Portanto, chamar Jesus de Senhor é reconhecer sua natureza divina; chamar a Virgem Maria de Senhora é reconhecê-la como a Rainha Mãe.

A coroação de Nossa Senhora no céu não é um ato apenas simbólico ou mero cerimonial. Trata-se de um acontecimento, mediante o qual, Deus fez de Maria a Rainha de todas as suas criaturas. Ela é elevada à glória de Rainha do Universo.

Quando São João viu surgir no céu "um grande sinal" (Ap 12,1) lhe era revelado por Deus toda a glorificação que os próprios elementos prestavam a Maria. Ela apareceu "revestida" de sol; isto é, o sol serviu-lhe de vestimenta gloriosa, a lua veio pôr-se sob seus pés, como um pedestal, e dozes estrelas se ajuntaram em torno de sua cabeça, formando uma coroa, que significa o símbolo da plenitude e da perfeição. Os astros do universo glorificam sua Rainha! Maria é Rainha desde o momento em que foi escolhida e aceitou ser a Mãe do Rei do Universo. Filho e Mãe participam da mesma monarquia. A Mãe do Rei é Rainha, dizem os santos.

São Bernardino de Sena afirma que, desde o momento em que Maria aceitou ser Mãe do Verbo Eterno, mereceu tornar-se Rainha do mundo e de todas as criaturas. A força de Maria é tão grande que Santo Agostinho nos diz que a Mãe de Deus tem mais poder junto da Majestade divina que as preces e intercessões de todos os anjos e santos do céu e da terra.

Reflexão Pastoral
"Mulher livre, forte e discípula de Jesus, Maria foi verdadeiro sujeito na comunidade cristã... Maria é figura da Igreja. Ela precede todos no caminho rumo à santidade. Na sua pessoa a Igreja já atingiu a perfeição" (CNBB 105, n. 113-114). Na dinâmica do Reino de Deus, Maria é a Rainha de todos nós!

Ao contemplarmos este mistério, peçamos ao Senhor, por intercessão de Maria, que sejamos disponíveis para assumir: "A força do Reino coloca todo sujeito eclesial em postura ativa; em atitude de prontidão para o serviço... para que se estabeleça no mundo a civilização do amor e da paz..." (CNBB 105, n. 247).

Conclusão

Se depois de ter rezado o Rosário e meditado os mistérios da vida de Jesus e de Nossa Senhora, segundo a Sagrada Escritura e a Tradição da Igreja, a alegria da fé se tornou mais viva em sua vida e a experiência de ser discípulo e missionário de Jesus está mais forte em seu coração, os objetivos propostos neste livro foram então alcançados.

O Rosário é esse caminho evangelizador, que gera bons e verdadeiros discípulos missionários. Mas a meta mesmo é a santidade. Deseja-se que você continue buscando amadurecer sua fé e sua vivência na Igreja, ou seja, participando sempre de sua paróquia, integrando uma comunidade. Assim você estará vivendo como um discípulo fiel de Jesus. Que junto de seus familiares, dos amigos na sociedade e dos irmãos da comunidade, você seja um incentivador da oração do Rosário! Essa será sua primeira grande missão.

Que a Virgem Santíssima acompanhe sempre sua família e sua comunidade, e seja a inspiradora primeira de sua vivência do Evangelho! Que o bom conselho de Nossa Senhora, nas Bodas de Caná, ressoe sempre em seu coração: "Fazei tudo o que Ele vos disser" (Jo 2,5)!

Conclusão

Se depois de ter rezado o Rosário e meditado os mistérios da vida de Jesus e de Nossa Senhora, segundo a Sagrada Escritura e a Tradição da Igreja, a alegria da fé se tornou mais viva em sua vida e a experiência de ser amado e missionário de Jesus está mais forte em seu coração, os objetivos propostos neste livro foram então alcançados.

O Rosário é esse caminho evangelizador, que gera bons e verdadeiros discípulos-missionários. Mas a meta mesmo é a santidade. Deseja-se que você continue buscando amadurecer sua fé e sua vivência na Igreja, ou seja, participando sempre de sua paróquia, integrando uma comunidade. Assim você estará vivendo como um discípulo fiel de Jesus, que junto de seus familiares, dos amigos, na sociedade e dos irmãos de comunidade, você será um incentivador da oração do Rosário! Esta será sua primeira grande missão.

Que a Virgem Santíssima acompanhe sempre sua família e sua comunidade, e seja a inspiradora primeira de sua vivência do Evangelho! Que o bom conselho de Nossa Senhora, nas Bodas de Caná, ressoe sempre em seu coração: "Fazei tudo o que Ele vos disser" (Jo 2,5)!

MISTO
Papel produzido a partir de fontes responsáveis
FSC® C132240

A marca FSC® é a garantia de que a madeira utilizada na fabricação do papel deste livro provém de florestas que foram gerenciadas de maneira ambientalmente correta, socialmente justa e economicamente viável.

Este livro foi composto com as famílias tipográficas Bimbo e Calibri e impresso em papel Offset 63g/m² pela **Gráfica Santuário.**